EL JUEGO DE LA CIENCIA

Descubre el cuerpo humano

David Suzuki
En colaboración con Barbara Hehner

Colección dirigida por Carlo Frabetti

Título original: *Looking at the Body*
Publicado en inglés por Stoddart Publishing Co. Limited

Traducción de Joan Carles Guix

Diseño de cubierta: Valerio Viano

Ilustración de cubierta: Horacio Elena

Ilustraciones del interior: Nancy Lou Reynolds

Distribución exclusiva:
Ediciones Paidós Ibérica, S.A.
Mariano Cubí 92 – 08021 Barcelona – España
Editorial Paidós, S.A.I.C.F.
Defensa 599 – 1065 Buenos Aires – Argentina
Editorial Paidós Mexicana, S.A.
Rubén Darío 118, col. Moderna – 03510 México D.F. – México

Quedan rigurosamente prohibidas, sin la autorización escrita de los titulares del *copyright*, bajo las sanciones establecidas en las leyes, la reproducción total o parcial de esta obra por cualquier medio o procedimiento, comprendidos la reprografía y el tratamiento informático, y
la distribución de ejemplares de ella mediante alquiler o préstamo públicos.

© 1987 by New Data Enterprises and Barbara Hehner.
  Published by arrangement with Stoddart Publishing, Toronto, Canada

© 2002 exclusivo de todas las ediciones en lengua española:
  Ediciones Oniro, S.A.
  Muntaner 261, 3.º 2.ª – 08021 Barcelona – España
  (oniro@edicionesoniro.com – www.edicionesoniro.com)

ISBN: 84-9754-033-6
Depósito legal: B-40.122-2002

Impreso en Hurope, S.L.
Lima, 3 bis – 08030 Barcelona

Impreso en España – *Printed in Spain*

Índice

Introducción 5

Obsérvate 6
La piel 18
Los huesos 30
Los músculos 39
El corazón y la sangre 47
Los pulmones 58
El aparato digestivo 66
El cerebro y los nervios 75
Cómo te comunicas 87

Índice de experimentos 95

NOTA IMPORTANTE PARA NIÑOS Y ADULTOS

Verás este ✋ signo de advertencia en algunos de los apartados titulados **EXPERI-MENTO**. Significa que debes pedir ayuda a una persona mayor. Para realizar el experimento, tal vez necesites utilizar agua hirviendo o cortar algún objeto con un cuchillo. Debes tener siempre mucho cuidado. Y para que las personas mayores no se aburran tanto, vamos a pedirles que colaboren en los experimentos, ¿o es que sólo van a divertirse los niños?

Introducción

¿Os habéis comprado alguna vez un coche, una casa o un barco? ¿Recordáis con qué atención lo mirabais? No obstante, al cabo de un tiempo empezasteis a considerar algo normal tener un coche, una casa o un barco. Bien, pues esto es lo que nos suele ocurrir con nuestro cuerpo.

Cuando saltas, coges una pelota, tiritas en la nieve o sudas en un caluroso día de verano, tu cuerpo realiza todo tipo de complicadas acciones. La mayor parte del tiempo no eres consciente de ellas.

Cada vez que, por accidente, me hago un corte y veo la sangre endurecerse hasta que se cura, me maravillo. Mi aparato digestivo convierte los cereales, las tostadas y el zumo de frutas en energía para los músculos y ni siquiera tengo que proponérmelo. Los dientes de un bebé se caen uno detrás de otro porque saben que deben dejar sitio a la dentadura permanente.

Hay quienes hablan del cuerpo como si de una máquina se tratara. Piensan en el cerebro como una bomba, en los huesos como un armazón, en el ojo como una cámara, en el cerebro como un ordenador, etc. Es una forma muy simple de concebir nuestro cuerpo, pues no debemos olvidar que es mucho más complejo que una máquina.

Vamos a ver lo que podemos aprender acerca de todos los órganos y partes que forman este engendro tan maravilloso: ¡tu magnífico cuerpo!

DAVID SUZUKI

Obsérvate

En toda la historia de la humanidad, sólo ha habido y sólo habrá uno como tú. Incluso si tienes un hermano gemelo que es exactamente igual a ti en apariencia, será un poco diferente. Por ejemplo, las huellas dactilares de los gemelos no son idénticas.

Cada persona es diferente. Mira a tu alrededor mientras caminas por la calle o vas en autobús. Las personas pueden ser altas o bajas, gordas o delgadas, o ni altas ni bajas, ni gordas ni delgadas. El pelo y la piel pueden adoptar multitud de tonalidades. Puedes tener el pelo rizado, liso o incluso no tener pelo. Además, no sólo eres distinto de las otras personas, sino que además cambias constantemente. Ojea los álbumes de fotografías familiares. ¿De verdad eres tú el del parque? Mira fotos aún más antiguas. Ahí está tu mamá cuando sólo era una adolescente. Y también tu abuelo antes de que le salieran las canas. ¡Cómo habéis cambiado!

No obstante, del mismo modo que los seres humanos somos todos distintos los unos de los otros, en muchos sentidos somos iguales. Por ejemplo, todos disponemos de un corazón que bombea sangre, pulmones para respirar, cerebro para controlar y un aparato digestivo para procesar los alimentos. Nuestro cuerpo se compone de células, que son el elemento base de la vida.

¿Alguna vez has visto una ameba en el microscopio o en un programa de ciencia en la televisión? Es una criatura viva diminuta que consta únicamente de una célula. Se alimenta estirando una parte de su cuerpo para obtener comida. La ameba se multiplica dividiéndose en dos.

El cuerpo humano también está compuesto de células (aproximadamente 75 billones). Al igual que la ameba, nuestras células únicamente se pueden apreciar a través del microscopio. Algunas de las células se parecen a la simple ameba, como por ejemplo los glóbulos blancos que navegan por la sangre. Las células de los músculos son largas y delgadas. Las células rojas de la sangre parecen platos pequeños redondos. Las células de los nervios, que transportan mensajes a través del cuerpo, parecen arañas.

Las células se unen para formar tejidos. Por poner un ejemplo, las células de los músculos se unen formando bultos para componer el tejido muscular. Los órganos corporales son grupos de tejidos que desarrollan una actividad común que tu cuerpo necesita. Tus pulmones, corazón, hígado y cerebro son órganos, ¡y tienes muchísimos más!

Los órganos trabajan juntos en los aparatos del cuerpo. La boca, el esófago, el estómago, los intestinos y otras partes del cuerpo descomponen los alimentos para que el cuerpo los pueda utilizar. Forman el aparato digestivo. Además de éste, poseemos muchos otros aparatos, entre los que figuran el aparato respiratorio, especializado en respirar; el aparato excretor, que se deshace de los productos residuales; el esqueleto, que nos sostiene, etc. De hecho, el cuerpo constituye una muestra espectacular de cooperación, en la cual cada parte realiza la tarea adecuada en el momento oportuno.

EXPERIMENTO

Tu interior

Une las partes, ¿qué obtienes?: ¡tu interior!

Material necesario
Hoja de papel suficientemente grande para que te puedas tumbar encima. (Si no te es posible conseguirla, pega algunas hojas una al lado de otra.)
Rotuladores de colores
Cartulina
Tijeras
Hilo azul y rojo
Cola blanca
Leotardos o pantalón corto y camiseta
Libros y dibujos sobre el cuerpo humano
Un amigo

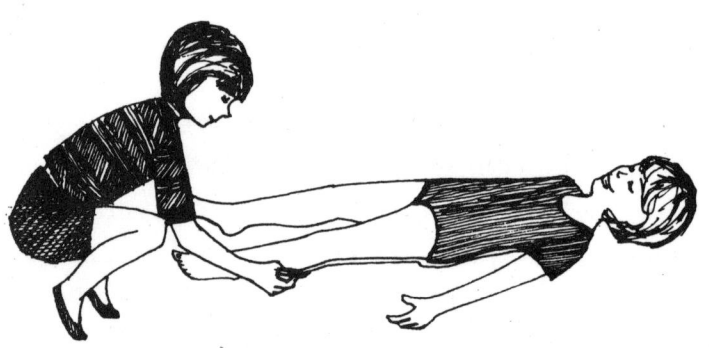

Procedimiento

1. Visita la biblioteca y busca libros con fotografías de partes del cuerpo. El bibliotecario te puede echar una mano. También puedes utilizar los dibujos de este libro.

2. Antes de hacer el dibujo del cuerpo, ponte leotardos o pantalón corto y una camiseta. Si llevas ropa que abulte, tu amigo no podrá trazarte una buena silueta. Túmbate boca arriba en la hoja de papel. Separa un poco los brazos del cuerpo.

3. Pide a tu amigo que trace tu silueta. Ahora tienes el contorno de tu cuerpo a tamaño natural.

4. A continuación, con cartulina, construye partes del cuerpo que puedas poner en el dibujo. Quizá quieras incluir órganos importantes: el cerebro, los pulmones, el corazón, el estómago, el hígado, o los intestinos grueso y delgado. También puedes poner algunos huesos: la clavícula, las costillas, las vértebras, la pelvis y los huesos de la pierna, el brazo y el pie.

5. Si puedes encontrar un buen dibujo que te sirva de guía, puedes dibujar los vasos sanguíneos principales. Utiliza hilo azul para las venas y rojo para las arterias. Primero dibújalos con un lápiz. Resigue la línea con el pegamento y después pega el hilo.

6. Mientras realizas esta actividad puedes resolver estas preguntas: ¿dónde se han de colocar las partes del cuerpo?, ¿qué tamaño deben tener? Es bastante fácil notar los huesos más grandes del cuerpo. Esto te da una pista sobre dónde debes situarlos. También puedes medirlos con una cuerda o una cinta métrica y hacerlos a tamaño natural.

Puede resultar difícil situar los órganos. Intenta encontrar dibujos que te muestren dónde debes colocarlos. Lee el texto para ver si explica el tamaño que tienen. Por ejemplo, el corazón tiene el tamaño de tu puño cerrado.

Intenta hacer el dibujo tan bien como puedas, pero no te preocupes demasiado si cometes algunos errores. Acabas de aprender mucho más sobre tu cuerpo de lo que sabías antes de empezar la actividad.

EXPERIMENTO

Contacto

¿Cuántas partes de tu cuerpo puedes hacer que se toquen? Te propongo un buen ejercicio que además te hará descubrir cómo te puedes estirar, doblar y girar.

Empezaremos con movimientos sencillos:
1. Los pulgares se tocan.
2. La nariz toca la muñeca.
3. El dedo toca la nariz.
4. La rodilla toca el codo.
5. La oreja toca el hombro.

Más difícil todavía:
1. La frente toca la rodilla.
2. Las plantas del pie se tocan.
3. La mano toca el omóplato.

Hay cientos de combinaciones. Puedes hacerlo como si fuera un juego con un amigo. Tu amigo propone un movimiento y tú intentas llevarlo a cabo. Si lo consigues, obtienes 1 punto. ¿Qué le impide a tu amigo plantear movimientos imposibles, como los labios tocan el codo o la lengua la oreja? Si intentas hacer un movimiento y no eres capaz, debéis cambiar de posiciones. El último movimiento que tu amigo ha propuesto es el primero que debe intentar realizar. Si no puede, te llevas 2 puntos. Si puede, él gana los 2 puntos.

DATOS ASOMBROSOS

Longevidad

¿Cuál fue es ser humano que vivió más tiempo? Quizá fuese un hombre que murió en Japón en 1986 a la edad de 120 años. Otras personas pretendían ser mayores, no obstante, no disponían de ninguna prueba tipo el certificado de nacimiento. Aquel hombre sí. De todas formas, es muy extraño vivir más de 100 años.

Un bebé niña nacido en América del Norte tiene una esperanza de vida de 78 años. Un bebé varón, de 70. Se trata de medias aritméticas. Algunos vivirán más, otros menos. ¿Por qué existe una diferencia de 8 años entre la esperanza de vida de los hombres y de las mujeres? Algunos estudiosos del tema creen que las mujeres llevan una vida más sana y menos estresante. Otros piensan que hay algo en el cuerpo de las mujeres que las hace más fuertes. Nadie lo sabe con seguridad.

EXPERIMENTO

Juegos para uno y para todos

La mayoría de niños juegan a las carreras. Ahora te propongo algunos juegos corporales menos habituales.

I. Enredo

Material necesario
Un amigo de tu estatura

Procedimiento
1. Dibuja un círculo en el suelo, de un diámetro de 1 a 1,5 m. ¿Sabes qué es el diámetro de un círculo? Es una línea recta que atraviesa el círculo de un lado a otro pasando por el centro.

2. Colocaros dentro del círculo. Poned la mano derecha detrás de la espalda y sujetaros el pie izquierdo. Parece más difícil de lo que es en realidad. Observa la ilustración para orientarte.

3. Se trata de saltar hacia tu amigo y empujarle para que salga del círculo. No lo hagáis con mucha violencia o terminaréis los dos en el suelo.

4. El ganador es el participante que consigue que su oponente se salga del círculo sin que ni su brazo ni su pierna queden fuera de él.

II. La gran carrera de los codos y de los dedos de los pies

Material necesario
Amigos
Alguien que empiece la carrera (haced turnos)
Ropas viejas

Procedimiento
1. Marca una línea de salida. A continuación, marca una línea de llegada a unos tres metros de distancia. Jugad en una superficie blanda, como la hierba (este juego duele en el pavimento). Si todo el mundo tuviera, podéis poneros protectores de los codos.

2. Tumbaros boca abajo detrás de la línea de llegada Poned las manos en las orejas. Levantad el cuerpo sobre vuestros dedos de los pies y codos.

3. Cuando el que da la salida grite: «¡Ya!», avanzad tan deprisa como podáis. Si dejáis que vuestro cuerpo toque el suelo u os caéis, deberéis empezar de nuevo.

EXPERIMENTO

Seis posturas imposibles

El cuerpo humano está bastante bien hecho, aunque algunas cosas simplemente no puede hacerlas.

1. Besarse el codo

Bien, yo no puedo. ¿Tú sí? Jamás he conocido a nadie que pudiese. No me engañéis. Me refiero al codo, no al interior del brazo.

2. Suspirar

Coge aire con la nariz (si estás resfriado tendrás que sacarlo enseguida). Traga. ¿Fácil? Ahora respira por la nariz y traga al mismo tiempo. Nadie puede hacerlo. Es la manera de mantener separadas las funciones de tragar comida y respirar.

3. Reto al equilibrio

Colócate de pie y de lado contra una pared, con el lado derecho tocándola. Presiona el pie derecho contra la pared. Ahora intenta levantar el pie izquierdo sin caerte al suelo. Simplemente no se puede hacer. Para levantar el pie izquierdo sin perder el equilibrio debes inclinarte hacia la derecha, y la pared te lo impide.

4. Dedos pegadizos

Coloca la palma de la mano encima de una mesa con los dedos ligeramente separados. Ahora, levanta un poco la mano y coloca el dedo corazón debajo de la palma, de forma que sus dos primeras secciones presionen también contra la mesa. Sin dejar de presionar contra la mesa con los demás dedos, levanta el pulgar. ¿Algún problema? Al mismo tiempo, levanta el meñique y el índice. Al final, levanta tu dedo anular. ¡Oh! ¡Está pegado a la mesa!

Otra forma de llevar a cabo esta actividad es presionando con las palmas de las dos manos a la vez. Dobla los dos dedos del medio de forma que sus dos primeras secciones presionen contra la mesa. Ahora, intenta separar los dedos anulares de ambas manos. ¡Parece que estén pegados!

5. Ojos inmóviles

Mira al frente. Ahora, mira hacia arriba, como si quisieras girar los ojos del revés sin mover la cabeza. Cierra los ojos. Sin dejar de mirar hacia arriba, intenta abrir los ojos. Los músculos de los ojos no te permiten este movimiento porque no pueden trabajar en direcciones contrarias a la vez.

6. Mover las orejas

¿Estás cansado de intentar realizar posturas imposibles? Bien, te propongo una que no es imposible, pero muy difícil. Todos tenemos músculos que nos permiten mover las orejas, pero la mayoría de nosotros no sabemos cómo funcionan. Practica frente a un espejo.

DATOS ASOMBROSOS

Partes inútiles

Algunas partes del cuerpo parecen un poco inútiles, como por ejemplo, esta pequeña pieza blanda que pende en la entrada de la garganta. Se denomina úvula palatina. A los dibujantes de dibujos animados les gusta mostrarla tambaleándose cuando sus personajes abren mucho la boca para gritar o cantar. No se le conoce utilidad alguna hasta hoy.

Tenemos otras partes del cuerpo que, en apariencia, tampoco sirven para nada, como en el caso del apéndice, situado al final del intestino grueso. En algunos animales, el apéndice contribuye a digerir los alimentos, pero en los humanos no tiene ninguna utilidad. A veces, duele muchísimo. El apéndice humano puede resultar tan doloroso y estar tan hinchado que no queda otro remedio que extirparlo. ¡Y te puedo asegurar que el paciente no lo olvida jamás!

DATOS ASOMBROSOS

Misterios del cuerpo

Aún no disponemos de respuesta a algunas de las preguntas más básicas sobre nuestro cuerpo:

- ¿Por qué dormimos? Pasamos una tercera parte de la vida durmiendo. Nos sentimos fatal cuando no hemos dormido lo suficiente. No obstante, aún no sabemos con seguridad por qué nuestro cuerpo necesita dormir.
- ¿Por qué soñamos? ¿Se trata sólo de un accidente, un efecto secundario mientras el cerebro realiza otras funciones, o quizá nos ayuda a resolver problemas? Nadie lo sabe a ciencia cierta.
- ¿Por qué envejecemos y morimos? Sabemos que el envejecimiento se gesta en nuestras células. Día tras día, millones de células mueren y son reemplazadas por otras. Pero ¿por qué? Es un misterio.

La piel

Supongamos que el día de tu cumpleaños alguien te regala un traje espacial que te va a calentar cuando tengas frío y a mantenerte fresco cuando tengas calor. Además, te protegerá de la lluvia, aunque sea muy intensa, y de los gérmenes. Y por supuesto te servirá de cojín si te caes. Un traje que, si se rompe, se repara solo.

Piensa que ya tienes un traje como éste. Algunos lo llaman «como Dios te trajo al mundo». Se trata de tu piel. La piel tiene unos escasos milímetros de grosor. La piel más fina es la de los párpados y la más gruesa la de las plantas de los pies, donde sólo alcanza 5 mm de espesor.

La piel es suficientemente elástica para que te puedas mover. Si estiras los dedos, verás arrugas en los nudillos. Si cierras el puño, la piel de los nudillos se estira para permitirte doblar los dedos. Es decir, que tu piel no sólo se estira cuando es necesario, sino que también vuelve a su sitio. Trata de pellizcar un poco de piel de tu brazo y comprobarás que tan pronto como la dejas ir, se vuelve a poner en su sitio.

La capa externa de la piel se llama epidermis. Cada vez que te lavas las manos o las secas con una toalla, parte de tu epidermis se descama. Eso no es preocupante ya que continuamente va siendo reemplazada por piel nueva que crece. La epidermis actúa como abrigo resistente al agua para tu cuerpo a la vez que impide que entren virus y bacterias y que enfermes.

Las células de la epidermis tienen muchas proteínas resistentes (queratina). Asimismo, tus uñas también están compuestas de queratina. La parte de las uñas que puedes ver está muerta, y por esta razón no duele cuando la cortas. La parte viva de las uñas está situada debajo de la piel en la base de la uña. Las uñas de las manos son muy útiles para coger cosas pequeñas, aunque su utilidad principal consiste en proteger las puntas de los dedos, que están llenas de nervios y se lastiman con facilidad.

Debajo de la epidermis hay otra capa gruesa llamada dermis. Piensa en tu piel como si fuese una bolsa grande que te mantiene unido y te sostiene. La dermis está repleta de cosas importantes, incluido el sistema de refrigeración y calentamiento del cuerpo. Está llena de finos vasos sanguíneos llamados capilares. Cuando tienes mu-

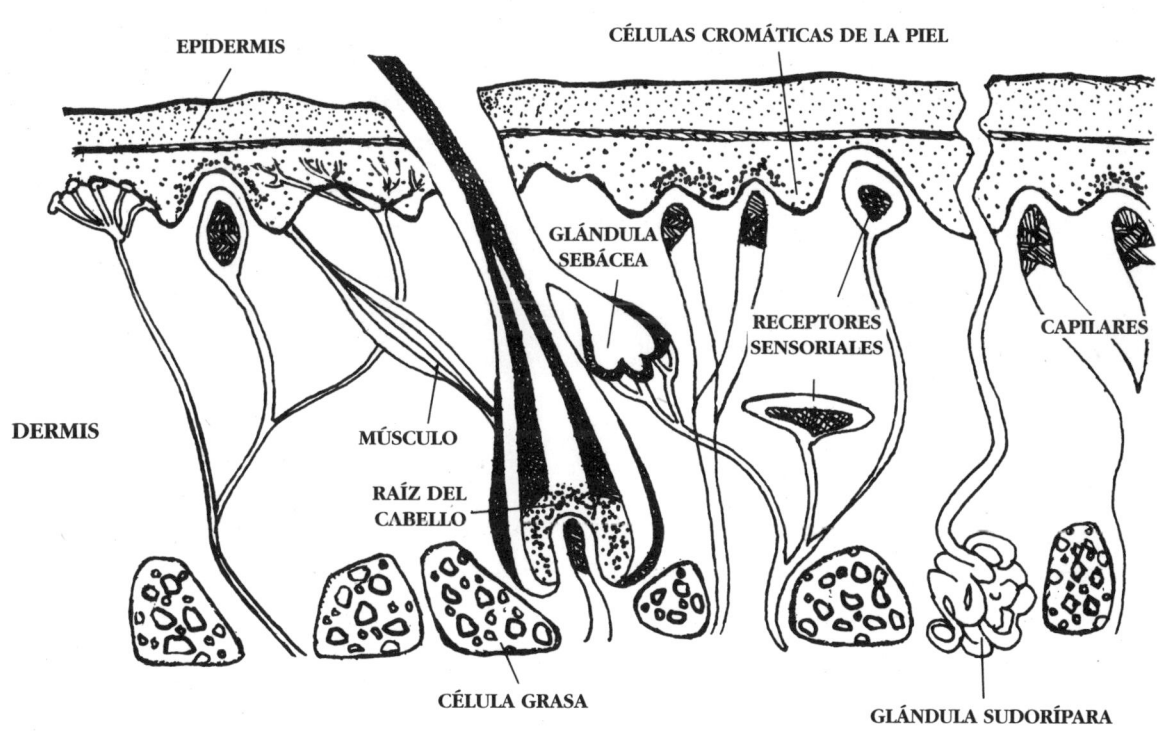

cho calor, los vasos sanguíneos se dilatan para que pueda circular más sangre a través de ellos y el calor sale al exterior mediante tu piel.

La dermis también contiene las glándulas sudoríparas (cerca de 100 por cada centímetro cuadrado de piel). El sudor es un líquido salado que sale a través de unos pequeños orificios llamados poros. Cuando se evapora (se vuelve gas), tu cuerpo se enfría.

Cuando tienes mucho frío, los vasos sanguíneos de la piel se contraen (se hacen más estrechos) para almacenar el calor del cuerpo. La capa de grasa inmediatamente inferior a la dermis también proporciona calor y una forma redondeada al cuerpo. También protege los huesos y los músculos de posibles golpes y sacudidas.

En la dermis también encontramos las raíces de los cabellos, que constituyen la parte viva de los pelos. La parte de cabello que podemos ver es queratina muerta, como las uñas de los dedos. Ésta es la razón por la cual un corte de pelo no duele en absoluto, y en cambio, arrancar un pelo de raíz sí. Tienes pelo en todo el cuerpo excepto en las palmas de los pies y de las manos que están recubiertas de una superficie antideslizante con arrugas. La mayor parte del vello corporal es fino y corto, y únicamente el cabello crece continuamente. Detrás de cada una de las raíces del vello hay una glándula de grasa que mantiene el pelo suave y evita su fragilidad.

La dermis tiene muchas terminaciones nerviosas llamadas receptores sensoriales, que envían mensajes al cerebro. La piel nos permite distinguir lo mojado de lo seco, lo suave de lo rugoso. Los receptores del dolor de la piel te avisan, por ejemplo, de que te has cortado. Los receptores de presión pueden advertir hasta un insecto diminuto que camina por tu brazo. La piel te mantiene en contacto con el mundo de muchas maneras.

¿Por qué algunos de nosotros tenemos la piel oscura y otros pálida? En las células de nuestra piel hay un pigmento (colorante químico) denominado melanina. Si tenemos mucha cantidad de ella, la piel será oscura o negra. Si no tenemos demasiada, la piel es pálida. Las personas de piel pálida segregan más melanina cuando se exponen a los rayos del sol. Lo llamamos bronceado. Si la melanina se segrega por segmentos, aparecen las pecas.

La sangre que circula por la piel también la colorea. El color rosado se puede ver más fácilmente en las pieles claras, especialmente en la zona labial, donde hay muchos vasos sanguíneos y la piel es muy fina.

El corazón de las personas es casi idéntico, al igual que los pulmones y el hígado. ¡El principal rasgo diferenciador del físico de las personas está en unos cuantos milímetros de piel!

EXPERIMENTO

Jabón con cuerda

Las escamas de jabón se pueden reciclar y convertir en un regalo o en detergente para fregar la bañera.

Material necesario
Escamas de jabón
40 cm de cuerda suave
Cacerola doble
Cuchara
Taza de café de espuma de poliestireno
Colorante alimentario a tu gusto

Procedimiento
1. Llena con un poco de agua del grifo la cacerola inferior.

2. Coloca las escamas de jabón en la cacerola superior. Trocea las escamas grandes para que se deshagan con facilidad.

3. Pon la cacerola doble en el fuego hasta que el agua hierva. Deja que siga hirviendo a fuego lento. Antes de utilizar el fuego, pide permiso a un adulto.

✋4. Las escamas de jabón empezarán a derretirse. Remueve el jabón de vez en cuando para que se deshaga mejor. Debes tener paciencia. Pide a una persona adulta que termine de deshacer los grumos con una batidora.

5. Cuando el jabón esté completamente derretido, añade unas cuantas gotas de colorante alimentario.

✋6. Con mucho cuidado, vierte el jabón en la taza de espuma de poliestireno hasta que esté llena hasta la mitad. Ten en cuenta que el jabón caliente te puede quemar. Introduce los dos extremos de la cuerda en el jabón y acaba de llenar la taza. Déjalo secar a temperatura ambiente o en el frigorífico si quieres que se enfríe más rápidamente.

7. Cuando el jabón se haya endurecido, retira la taza. ¡Aquí tienes tu jabón con cuerda!

¿Por qué es necesario el jabón?

A menudo, los niños piensan que tener que utilizar jabón es muy pesado. ¿Por qué no nos podemos lavar simplemente con agua? La piel tiene una capa de grasa donde se pega la suciedad y el agua no puede limpiarla. En cambio, el agua jabonosa sí.

Todo en este mundo está formado por pequeños trozos llamados moléculas. Las moléculas de grasa y de agua no se unen. Si quieres comprobarlo, añade una cucharada de aceite a un vaso de agua.

El agua no retira la suciedad grasa de tu piel pero las moléculas de jabón se adhieren a las de agua y a las de grasa. Cuando te limpias con jabón, éste establece una conexión entre la grasa y el agua y todos estos materiales resbalan por tu cuerpo.

EXPERIMENTO

Diviértete con tus huellas

No existen dos huellas humanas exactamente iguales. Incluso las huellas de gemelos idénticos son un poco distintas. Observa tus huellas y colecciona las de tus amigos.

Material necesario
Tinta lavable
Hojas de papel blancas
Lápiz de mina blanda
Cinta adhesiva transparente
Miembros de la familia y/o amigos

Procedimiento

1. Moja el dedo en la tinta. A continuación, presiónalo sobre una hoja de papel blanco. Quizá debas hacer algunas pruebas hasta conseguir una huella clara. Es mejor que utilices poca tinta. Puedes ayudar a presionar el dedo con la otra mano.

2. Imprime las huellas de todos los dedos de las dos manos.

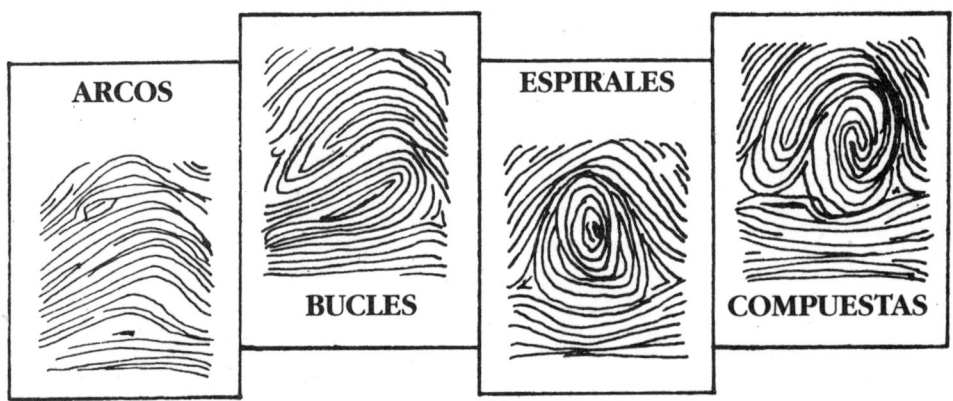

3. Si no dispones de tinta, frota el lápiz de mina blando en un papel. A continuación, presiona el dedo encima.

4. Ahora, presiona el dedo en un trozo de cinta adhesiva transparente y engánchala en un papel blanco.

5. EL dibujo resultante muestra los principales tipos de huellas. ¿Qué tipo de huellas tienes?

6. Colecciona y compara las huellas de tus amigos y de tu familia.

DATOS ASOMBROSOS

Cuánto crece el pelo

¿Sabías que el pelo crece unos 2.500 cm al día? Tienes más de 100.000 pelos en la cabeza. Cada uno de ellos crece 0,25 mm al día, ¿te lo imaginas?

El pelo humano es tan resistente que se puede estirar hasta un tercio más de su longitud habitual sin que se rompa. El pelo más fuerte que se ha encontrado jamás provenía de una mujer de la India. Podía soportar hasta 178 g de peso. Una cuerda fabricada con pelo de esta mujer sería lo suficientemente fuerte como para sostener el peso medio de una persona humana.

EXPERIMENTO

Colgar del pelo

El cabello es mucho más fuerte de lo que a simple vista parece. ¡Compruébalo!

Material necesario
Cabello de 15 cm de longitud
Sujetapapeles, clavos, tornillos
Cinta adhesiva
Tira de papel de 10 × 4 cm

Procedimiento

1. Pega el cabello con la cinta adhesiva en una estantería, de manera que cuelgue libremente.

2. Haz un lazo con la tira de papel y pégala al otro extremo del cabello.

3. Coloca clavos, sujetapapeles, etc., en el lazo. Recuerda que todos los materiales que utilices deben tener el mismo tamaño y ser del mismo tipo.

4. ¿Cuántas cosas puedes colocar en el lazo antes de que se rompa el cabello?

5. Realiza este proyecto con cabellos de familiares y amigos Si deseas compararlos, coloca siempre las mismas cosas en el lazo. ¿Los cabellos que parecen más gruesos son más fuertes? ¿Los cabellos rizados son más fuertes que los lisos? ¿Los cabellos oscuros son más fuertes que los claros?

Hemos realizado la prueba con el cabello de Barbara, oscuro y liso. Hemos utilizado sujetapapeles más gruesos que los habituales y de unos 5 cm de longitud. ¡Pudimos colocar 42 sujetapapeles antes de que el cabello se rompiera!

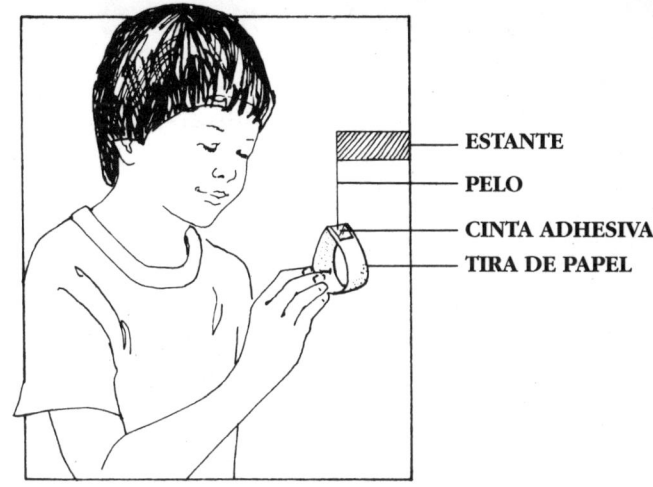

ESTANTE
PELO
CINTA ADHESIVA
TIRA DE PAPEL

DATOS ASOMBROSOS

¡Qué uñas!

Un hombre de la India tiene el récord del mundo de longitud de uñas. No se ha cortado las uñas de la mano izquierda desde 1952. En 1985, sus uñas medían 363 cm. Sólo la uña del dedo pulgar medía 88 cm. No obstante, no eran como garras, sino que estaban enroscadas, como una serpentina.

EXPERIMENTO

Observa las glándulas sudoríparas

Tienes alrededor de 2 millones de glándulas sudoríparas en la piel. Busca algunas en la palma de la mano.

Material necesario
125 ml de agua
10 ml de almidón
Yodo
Vaso medidor
Cucharas medidoras
Cuadraditos de papel de 6 × 6 cm

Procedimiento

1. Mezcla el agua y el almidón.

2. Hunde los cuadraditos en la solución resultante.

3. Pinta la palma de la mano con yodo. A continuación, coloca el yodo en un lugar seguro para que los niños pequeños no lo encuentren ya que si se lo tragan, es venenoso.

4. Salta a la comba o baila música rock hasta que sudes.

5. Presiona uno de los cuadraditos en la palma de tu mano. ¿Qué hay en el papel? Las marcas las hacen tus glándulas sudoríparas.

DATOS ASOMBROSOS

Piel de gallina

No es bueno que se te ponga la piel de gallina, ¡a no ser que seas una gallina! Las aves tienen unos pequeños músculos en la piel que les permiten tener plumas. Puedes ver los bultos de estos músculos en los pollos cuando están listos para meter en el horno. Los animales peludos tienen los mismos músculos, que les permiten mover el pelo. El aire queda atrapado entre la piel y el pelo y los mantiene calientes. El pelo de los animales se eriza cuando divisan un enemigo, y los hace parecer más grandes y más fuertes.

¿Y nosotros? Bien, también tenemos los mismos músculos. Los pelos de nuestro cuerpo se erizan cuando nos asustamos o tenemos frío. No obstante, nuestros pelos son tan finos que no nos protegen del frío ni asustan a nuestros enemigos.

Los huesos

¿Has visto alguna vez un esqueleto humano? Quizá hayas visto alguno en un museo científico. Pero incluso si nunca has visto un esqueleto de tamaño natural seguro que los has visto de cartón el día de Halloween. Los esqueletos, y en especial los cráneos, se han concebido siempre como algo escalofriante, cuando de hecho cada uno de nosotros tenemos uno en nuestro interior cubierto de músculos, grasa y piel.

El tejido óseo nos sostiene y, con los músculos, permite que nos movamos. Además, protege los órganos del cuerpo. Las costillas forman una caja de seguridad para el corazón y los pulmones, el cráneo es un casco protector para el cerebro.

Puedes notar el esqueleto si te presionas el cuerpo suavemente con los dedos. Puedes sentir las sienes y los agujeros de los ojos. Si colocas los dedos al lado de las orejas y abres y cierras la boca, notarás la articulación de la mandíbula. Si los colocas debajo de la nariz y abres y cierras la boca, comprobarás que la mandíbula que se mueve es la inferior, no la superior.

Desliza los dedos a lo largo del cuello, baja hasta el pecho, cuenta las costillas, tócate la espalda, la cintura, las piernas y los pies. ¿Cuántos huesos diferentes has encontrado?

Quizá te sorprendas de saber que tienes unos 200 huesos. La mayoría de ellos son pequeños y no se pueden notar a través de la piel. La mitad de los huesos del cuerpo están en las manos y en los pies. Más sorprendente todavía: cuando eras un bebé, tenía casi 300 huesos. ¿Cómo puede ser?

A medida que tus huesos van creciendo, algunos de los pequeños se fusionan para formar huesos más grandes. Por ejemplo, tenías 33 huesos en la espalda, llamados vértebras, mientras que tus padres sólo tienen 26. Recién nacido, se podían observar huecos en tu cráneo. Poco a poco, los huesos del cráneo se fueron juntando hasta parecer un único hueso. No obstante, aún hay algunas líneas que muestran dónde se juntaron todos los huesos, como si se tratara de un puzzle.

Cuando naciste, tenías los huesos bastante blandos. Estaban repletos de cartílagos. Un cartílago es lo que tenemos en la punta de la nariz y en las orejas. A medida que los huesos fueron creciendo, se endurecieron, especialmente los exteriores. Los minerales, como el calcio y el fósforo, hacen que los huesos sean más fuertes.

¿Significa esto que los huesos se convierten en algo muerto, como una roca, a medida que uno se va haciendo mayor? En absoluto. Menos de la mitad de un hueso está compuesto por minerales. La mayor parte del hueso está vivo, crece y contiene vasos sanguíneos circulando por él. Muchos son duros. Se trata de los llamados huesos compactos. Sin embargo, los huesos más grandes resultarían demasiado pesados si fueran compactos. Algunos, tienen una parte blanda en su interior. Son los denominados huesos esponjosos. En el interior de los huesos más grandes del cuerpo, como los de los brazos y piernas, hay un líquido gelatinoso llamado médula. Tenemos de dos tipos: la médula amarilla, que almacena grasa; y la médula roja, que fabrica glóbulos rojos (unos dos millones por segundo) y blancos.

Los huesos se unen en las denominadas articulaciones. Algunas, como las del cráneo, están simplemente pegadas. Otras, como las de las muñecas, las rodillas, las caderas y los dedos, necesitan moverse. Los extremos de los huesos están cubiertos de un cartílago suave. El líquido sinovial mantiene las articulaciones engrasadas. Los ligamentos mantienen los huesos en su sitio.

Tenemos muchas clases de articulaciones. Algunas actúan como las bisagras de las puertas, sólo se doblan hacia una dirección. El codo es una articulación de este tipo. ¿Se te ocurren otras? Las articulaciones enartrósicas, como las de las caderas, te permiten el movimiento. Se mueven como un *joystick* de un juego de ordenador.

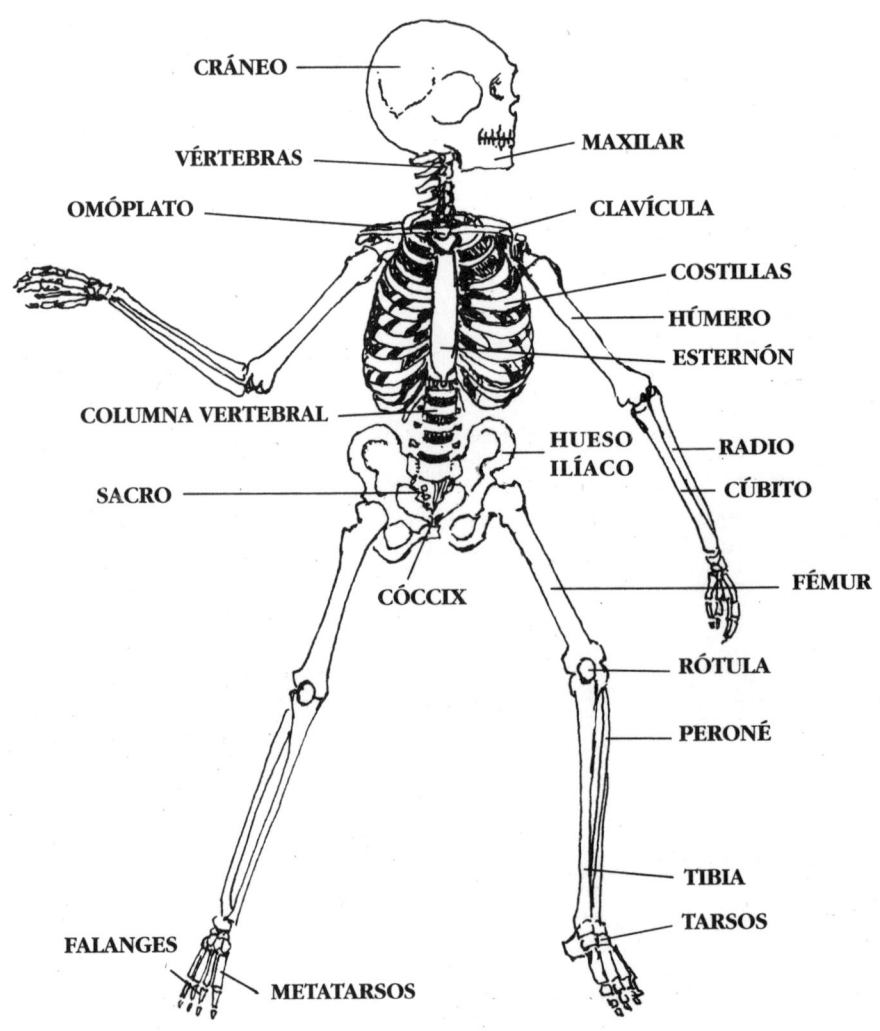

Los huesos y las articulaciones necesitan algo para moverse. Se trata de los músculos, pero esto ya es otra historia.

DATOS ASOMBROSOS

Récord de huesos

El hueso más grande del cuerpo humano es el fémur, que pesa un cuarto del peso corporal total de un individuo determinado. El hueso humano más pequeño es uno de los huesos del interior del oído, que se denomina estribo a causa de su forma y sólo mide 3 mm de longitud. Dos o tres estribos cabrían encima de la uña del dedo de un bebé.

Los huesos más grandes jamás encontrados pertenecían a un braquiosaurio. Se hallaron en California en 1970. Sus omóplatos medían 2,5 m de longitud y las costillas 3 m. ¿Cuáles son los huesos más pequeños en un animal? Probablemente sean los huesos de la oreja de un colibrí, un pájaro de unos 2 o 3 cm de longitud. ¿Por qué no son los insectos los que tienen los huesos más pequeños? Porque los insectos no tienen huesos sino una concha exterior llamada exoesqueleto.

EXPERIMENTO

El molde original

Los pies son la parte del cuerpo que trabaja más duro y la más olvidada. Nadie ha escrito poemas o canciones acerca de los pies. ¿Qué te parecería convertir los tuyos en obras de arte?

Material necesario
3 kg de escayola
Caja de zapatos
Trozo de plástico o de papel de aluminio
Arena húmeda (suficiente
   para llenar la caja de zapatos)
Periódicos
Cubo vacío grande
Cuchara vieja
Papel de lija

Procedimiento
1. Extiende varios periódicos donde vas a trabajar ya que la actividad ensucia.

2. Forra la caja de zapatos con el plástico o el papel de aluminio.

3. Llena dos tercios de la caja de zapatos con arena húmeda (tan húmeda como la que utilizarías para construir un castillo de arena que se tuviera en pie).

4. Vierte un poco de agua en el cubo y añade la escayola hasta que la mezcla coja la textura de una crema espesa.

5. Escoge tu pie favorito y presiónalo fuertemente contra la arena para marcar una huella clara y profunda. Si no te sale, aplana la arena otra vez e inténtalo de nuevo.

6. Llena la huella con escayola muy despacio. Si el cubo pesa demasiado, pide ayuda a un adulto para levantarlo.

7. Ahora deja que la escayola se seque. Cuando esté seca, retira la escayola y límpiala de restos de arena. Utiliza el papel de lija para limarla. El resultado es una bonita réplica de tu pie. ¿Qué vas a hacer con ella? Usa la imaginación. ¿Podría ser un pisapapeles? ¿Un tope para la puerta? O un elemento decorativo para tu habitación.

EXPERIMENTO

El increíble niño que encoge

Supongamos que me preguntas cuánto mido y te respondo que depende del momento del día. ¿Pensarías que estoy loco? Sigue leyendo.

Material necesario
Cinta métrica o regla
Lápiz y bloc de notas
Compañero

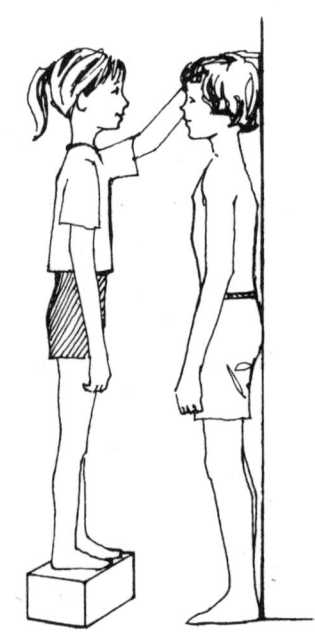

Procedimiento
1. Cuando te levantes por la mañana, ponte de pie contra una pared con los pies juntos. Mira al frente.

2. Pide a tu compañero que marque la altura en la pared con una señal muy floja hecha en lápiz.

3. Con la cinta métrica, mide tu altura. Regístrala.

4. Antes de acostarte, repite la operación. ¿Cuánto mides ahora? Realiza lo mismo durante varios días seguidos. ¿Qué has descubierto?

Resultado
Los huesos de la columna, llamados vértebras, tienen una especie de «amortiguadores» entre ellos llamados discos. Mantienen las vértebras a salvo de sacudidas cuando saltas o te giras. Durante el día, la gravedad empuja la columna hacia abajo

y hace que salga un poco del agua que tenemos en los discos. La gravedad es la fuerza que te sujeta pegado a la tierra y te impide salir volando hacia el espacio. Por esta razón, a la hora de acostarte eres un poco más bajo que por la mañana. Por la noche, los discos se llenan de agua de nuevo. ¿Qué crees que les pasa a los astronautas que se pasan mucho tiempo en el espacio sin gravedad?

DATOS ASOMBROSOS

Los cráneos humanos más antiguos

La cuestión es: ¿Cuál es el cráneo humano más antiguo jamás encontrado? Parece sencillo de responder, pero no lo es. ¿En qué punto decidimos que los huesos son humanos? La gente no siempre se ha puesto de acuerdo respecto a esta cuestión.

El primer cráneo que se ha calificado de humano tiene unos 2 millones de años de antigüedad. Se trata del *Homo habilis* (el hombre hábil), que andaba sobre dos pies y fabricaba herramientas de piedra muy sencillas. También se han encontrado cráneos de *Homo erectus* (el hombre recto), que vivió un millón de años atrás. El *Homo erectus* tenía el cerebro más grande que el *Homo habilis* y conocía la utilidad del fuego. Hace aproximadamente 30.000 años, aparecieron los primeros cráneos de *Homo sapiens sapiens* (que eran como nosotros).

Sin embargo, en todo el mundo, sólo se han encontrado unas cuantas docenas de cráneos de nuestros más antiguos antepasados. Quienes estudian los dinosaurios tienen que observar miles de huesos, aunque vivieron hace mucho tiempo. Puede que, hace un millón de años, no hubiera mucha gente.

EXPERIMENTO

Doblar un hueso

Los huesos están formados de material orgánico, como las células vivas y los vasos sanguíneos, e inorgánico: los minerales que endurecen los huesos. Disuelve los minerales y observa lo que queda.

Material necesario
Hueso del muslo de un pavo
    o de un pollo
Jarra de cristal suficientemente grande
    como para meter el hueso
Vinagre fuerte

Procedimiento
1. Retira la carne del muslo.

2. Coloca el hueso en la jarra. Vierte vinagre hasta cubrirlo.

3. Deja el hueso varios días en el vinagre. Cambia el vinagre de vez en cuando. Repite el proceso durante dos o tres semanas.

4. Separa el hueso del vinagre y sécalo. Comprueba que el hueso ahora se dobla como una goma. Si es largo, incluso puedes hacer un nudo. El vinagre ha disuelto la mayoría de los minerales del hueso y, sin los minerales, el hueso es como el cartílago de la nariz.

Los músculos

¡Ya es de día! Te levantas de la cama de un brinco, subes la persiana y el sol te deslumbra. ¿Dónde están las zapatillas? Gateas por debajo de la cama y las encuentras. Ya puedes oler el pastel de arándanos cociéndose en la cocina. ¡Qué bien! Tienes hambre, las tripas te suenan. Te diriges a toda prisa hacia el salón.

Te acabas de levantar y ya has utilizado cientos de músculos. Los músculos de la espalda, brazos, piernas y manos te han levantado de la cama, han atravesado la habitación y han bajado hasta el salón. No obstante, también trabajan otros músculos en los que no hace falta pensar. Se trata de los músculos que empequeñecen las pupilas cuando les da la luz, hacen sonar las tripas cuando tienes hambre, cogen y sacan aire de los pulmones y mantienen la sangre circulando por nuestro cuerpo.

Tienes 600 músculos, los cuales constituyen casi la mitad del peso de tu cuerpo. Los músculos son la parte «carnosa» de tu cuerpo y están compuestos básicamente por proteínas. De hecho, cuando comemos carne de animales nos estamos comiendo sus músculos.

Más de 400 de nuestros músculos trabajan conjuntamente con los huesos para que te puedas mover. Se denominan músculos esqueléticos y están pegados a los huesos mediante tendones. Estira la mano y mueve los dedos. Comprueba cómo los tendones que unen la mano con la muñeca y el brazo se mueven.

Los músculos únicamente pueden estirar los huesos, no pueden empujarlos, así es que a menudo trabajan en parejas. Supón que quieres doblar el brazo. Un músculo del brazo, el bíceps, se contrae, es decir, se tensa y se encoge estirando el brazo hacia arriba. Cuando quieres bajar el brazo, el bíceps se relaja, se alarga y se alisa, y otro músculo, el tríceps, se contrae para estirar el brazo. El tríceps se encuentra en la parte posterior del brazo. Para sentir cómo trabajan los bíceps y los tríceps, sujétate el brazo derecho con la mano izquierda y estíralo y dóblalo.

A los músculos esqueléticos también se los llama músculos voluntarios porque la persona decide si quiere o no moverlos. Decidimos si queremos ponernos de pie o no, si queremos sentarnos, coger una manzana o chutar una pelota. Entonces, el cerebro manda señales a través de los nervios y los músculos empiezan a funcionar.

Cuando realizas un movimiento de forma repetida, los músculos trabajan más suavemente porque no tienen que pensar en cada pequeña maniobra. ¿Sabes montar en bicicleta? Es probable que las primeras veces que montaste te tambalearas y temblaras, pero ahora ya no debes pensar en cómo hacerlo. Lo mismo sucede cuando aprendes un paso de baile o un deporte nuevo. Cuanto más practicas, más fácil resulta.

Los músculos están hechos de bultos de fibra largos (cuerdas). En el glúteo debe haber unas 200 fibras en un solo bulto. En cambio, en los párpados sólo hay cinco fibras. Cada fibra se contrae tanto como le es posible o se relaja. No les es posible contraerse sólo un poco. Cuando levantas una caja pesada, sientes que los músculos de los brazos trabajan más duro que cuando sostienes un cucurucho de helado. ¿Cómo es posible?

Cuando levantas la caja pesada se contraen muchas fibras de los músculos del brazo, mientras que cuando sostienes un helado únicamente se contraen unas pocas estando las demás relajadas. Cada fibra sólo se contrae durante un segundo, así es que cuando necesitamos usar un músculo durante mucho rato, las fibras hacen turnos contrayéndose y relajándose. Al cabo de un rato, todas las fibras estarán cansadas, el músculo empezará a temblar y a dolerte y tendrás que tomarte un respiro.

Algunos músculos del cuerpo no se fatigan del mismo modo que los voluntarios. Se denominan involuntarios porque no tienes que pensar en ellos para hacerlos funcionar. Realizan cosas como bombear sangre al corazón, llenar y vaciar los pulmones de aire y hacer pasar la comida a través de los intestinos. Se trata de acciones demasiado importantes para dejarlas bajo responsabilidad de la memoria. Imagínate lo estresante que resultaría un día si no dispusieras de músculos involuntarios. ¡Además de recordar que tienes que coger la comida, subir al autobús, ir a clase de hockey y hacer los deberes, tendrías que pensar en respirar y digerir la comida!

EXPERIMENTO

¿Tienes buen pulso?

Cuanto más trates de mantener los músculos del brazo inmóviles, más pequeños serán los movimientos que realicen.

Material necesario
3 sujetapapeles o 3 trozos de cable de unos 15 cm de longitud
Cuchillo de mesa
Mesa

Procedimiento
1. Si utilizas sujetapapeles, defórmalos para que tengan forma de V. Si usas cable, dóblalo por la mitad para obtener la misma forma.

2. Coloca los cables encima de la parte que no corta de la hoja del cuchillo. Ponte de pie al lado de la mesa. Sujeta el cuchillo con la mano derecha de manera que las puntas de los cables toquen la mesa (véase la ilustración). No apoyes el brazo en la mesa ni en ningún otro sitio.

3. Trata de mantener el cuchillo y los cables inmóviles. ¿Cómo te va? ¿Qué hacen los cables?

4. Inténtalo con la mano izquierda. ¿Qué tal te va?

5. Invita a tu familia y amigos a probarlo. Todos se sorprenderán de lo que sucede.

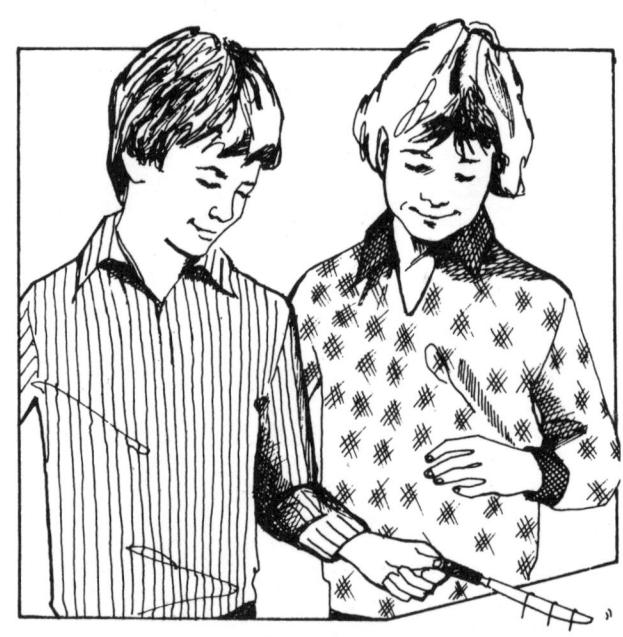

Resultado

Dentro de los músculos siempre hay fibras que se contraen (se tensan), mientras que otras se relajan. Las fibras hacen turnos tensándose y relajándose. Cada vez que se intercambian el turno, los músculos se mueven un poco, así que es imposible mantener el brazo totalmente quieto.

DATOS ASOMBROSOS

El párpado

El músculo más rápido del cuerpo es el que te permite tener los ojos abiertos o cerrados. Una persona es capaz de parpadear 5 veces por segundo, aunque eso no es muy rápido si lo comparamos con los movimientos de otros animales. Los colibríes usan los músculos de las alas para volar unas 90 veces por segundo. Los mosquitos pueden batir las alas 1.000 veces por segundo (es el movimiento muscular más rápido que se conoce).

EXPERIMENTO

Desafía los músculos

Todos los músculos esqueléticos se fatigan cuando realizan el mismo movimiento repetidas veces. Compara la velocidad y resistencia de algunos músculos.

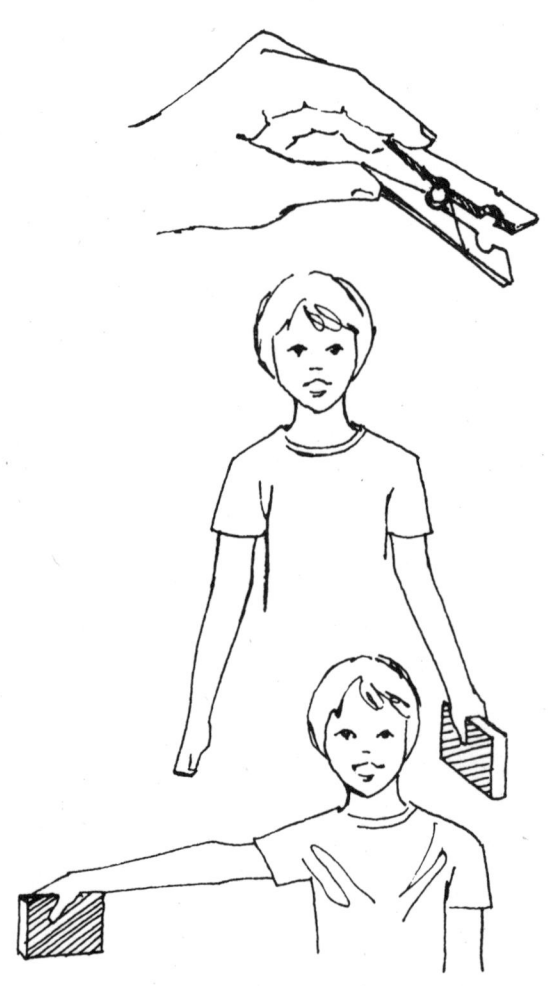

Material necesario

Pinza de la ropa (del tipo que tiene un resorte de metal en medio)
Libro de cubiertas duras que puedas sostenerlo con una mano
Reloj que muestre los segundos
Papel y lápiz

Procedimiento

1. En primer lugar, vamos a poner a prueba los músculos de los dedos. Sujeta una pinza para la ropa con los dedos pulgar e índice. ¿Cuántas veces eres capaz de abrirla en 30 segundos? Pruébalo dos veces más y registra las veces que la has podido abrir durante este lapso de tiempo. ¿Vas más lento?

2. Ahora vamos a desafiar a los músculos de tu mano. Apoya el brazo sobre la mesa con la palma de la mano hacia arriba. Abre y cierra la mano du-

rante 30 segundos. ¿Cuántas veces puedes hacerlo? Pruébalo dos veces más y registra los resultados.

3. Vamos a poner a prueba los músculos del brazo. Coloca el brazo hacia abajo con el libro en la mano. Levanta el brazo hacia el lateral, hasta la altura del hombro y bájalo de nuevo hasta la posición inicial. ¿Cuántas veces puedes hacerlo en 30 segundos? Repítelo dos veces más y registra los resultados. ¿Vas más despacio?

Si eres diestro, probablemente habrás utilizado el brazo y la mano derecha. Si eres zurdo, el izquierdo. Inténtalo de nuevo con el brazo que no hayas utilizado. ¿Qué has descubierto?

EXPERIMENTO

El misterio de los músculos

Prueba esta actividad y notarás una extraña sensación de flotar.

Material necesario
El hueco de una puerta

Procedimiento
1. Colócate de pie en el espacio vacío de una puerta con las manos en los lados.

2. Levanta los brazos hasta que el dorso de las manos toque el marco de la puerta.

3. Con el dorso de las manos y las muñecas, presiona el marco de la pared tan fuerte como puedas y cuenta despacio hasta 30.

4. Ponte fuera de la puerta y relaja los brazos. ¿Qué ocurre?

Resultado
El cerebro ha estado mandando mensajes mediante los nervios a los músculos para que levantasen los brazos. Cuando de repente das un paso y sales del marco de la puerta, algunos de estos mensajes todavía están de camino y, por tanto, son necesarios algunos segundos para que tus músculos reciban la orden de relajarse.

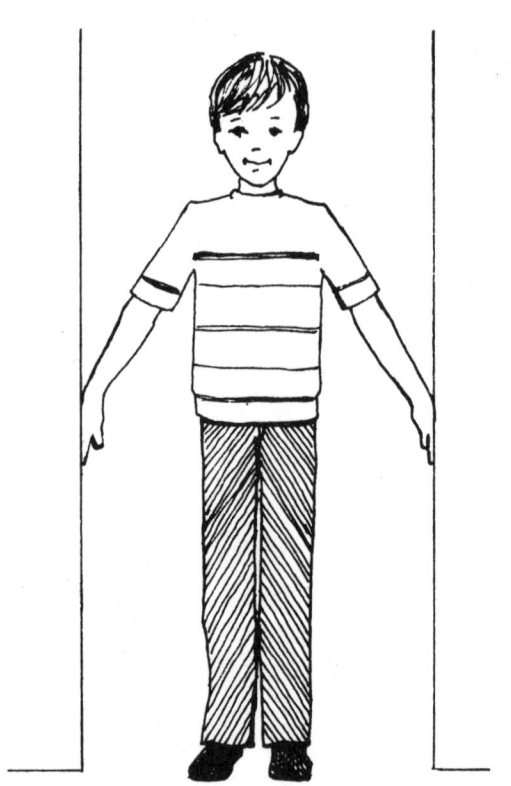

El corazón y la sangre

Cierra la mano en forma de puño y ábrela de nuevo. Repítelo una vez por segundo durante varios minutos y comprobarás que pronto se te cansa la mano porque los músculos necesitan descansar. Sin embargo, el músculo del corazón no descansa nunca, ni cuando estás durmiendo. Cuando eras sólo un bebé, tu corazón latía 120 veces por minuto, más deprisa incluso que tu abrir y cerrar de manos. El único descanso que toma el corazón es la pequeña pausa entre latido y latido.

El corazón tiene aproximadamente el tamaño de un puño. Está situado en medio del pecho, un poco hacia la izquierda, entre los pulmones y detrás de las costillas y el esternón. Tiene una pared muy gruesa en el centro llamada *septum* y cuatro espacios. Los espacios superiores se denominan aurículas y los inferiores ventrículos, y entre ellos se encuentran las válvulas. El corazón es una bomba muy poderosa: cuando el músculo se contrae, bombea sangre a los espacios y al resto del cuerpo.

Funciona del siguiente modo: La sangre entra en la aurícula derecha mediante dos tubitos denominados venas; esta sangre ha estado circulando por todo el cuerpo, por los dedos de las manos y de los pies, por el cerebro y por los intestinos; la válvula se abre y la sangre pasa al ventrículo derecho; el corazón se contrae impulsando la sangre hacia un tubo denominado arteria que la transporta hasta los pulmones; de los pulmones, la sangre circula de nuevo hacia el corazón pero, esta vez, entra en la aurícula izquierda y después por la válvula hasta el ventrículo izquierdo; el corazón se contrae y manda la sangre a través de una arteria muy grande. Así empieza un recorrido por todo el cuerpo.

¿Qué hay en la sangre que hace bombear al corazón? ¿Por qué el cuerpo necesita sangre? Un poco más de la mitad de la sangre es un líquido llamado plasma que transporta nutrientes (trozos pequeños de alimento) a todas las partes del cuerpo. La sangre es también la «corriente» que transporta las células sanguíneas.

Bajo un microscopio, los glóbulos rojos se parecen a un pequeño plato con un pendiente en medio. Si piensas en los glóbulos rojos como en diminutos barcos de carga, te puedes imaginar con facilidad cómo llegan a tu corazón (a la parte derecha) con dióxido de carbono, un gas que tu cuerpo desecha, cogen oxígeno de la respiración, vuelven al corazón (a la parte izquierda), y desde allí son bombeados de nuevo hacia las partes del cuerpo que necesitan oxígeno.

También tenemos glóbulos blancos, aunque no en la misma cantidad que los rojos. Hay un glóbulo blanco para cada 500 o 1.000 glóbulos rojos. Además son más grandes. Los glóbulos blancos cruzan la sangre, como un ejército, protegiéndonos del ataque de los gérmenes. Hay un tipo de glóbulos blancos que puede combatir sustancias que no deberían estar en la sangre, como las bacterias o las células sanguíneas muertas.

Junto con los glóbulos rojos y blancos, tenemos plaquetas. Sirven para detener el sangrado cuando nos cortamos, generando una sustancia química que contribuye a coagular la sangre, impidiendo así que perdamos demasiada sangre.

La sangre circula por nuestro cuerpo a través de una red de vasos sanguíneos. Los hay de tres tipos: arterias, venas y capilares. Las arterias transportan la sangre fuera del corazón y tienen las paredes gruesas y resistentes porque la sangre fluye por ellas con mucha fuerza, bombeada por el corazón. En algunas zonas de tu cuerpo, como en las muñecas o en el cuello, las arterias están tan próximas a la piel que puedes llegar a sentir el latir del corazón, que se denomina pulso.

Las arterias se dividen en vasos cada vez más pequeños, hasta que al final sólo son diminutos capilares. Algunos son tan pequeños que las células tienen que pasar en fila india. Las paredes de los capilares son tan finas que los nutrientes las traspasan para proporcionar oxígeno a las células sanguíneas que lo necesitan.

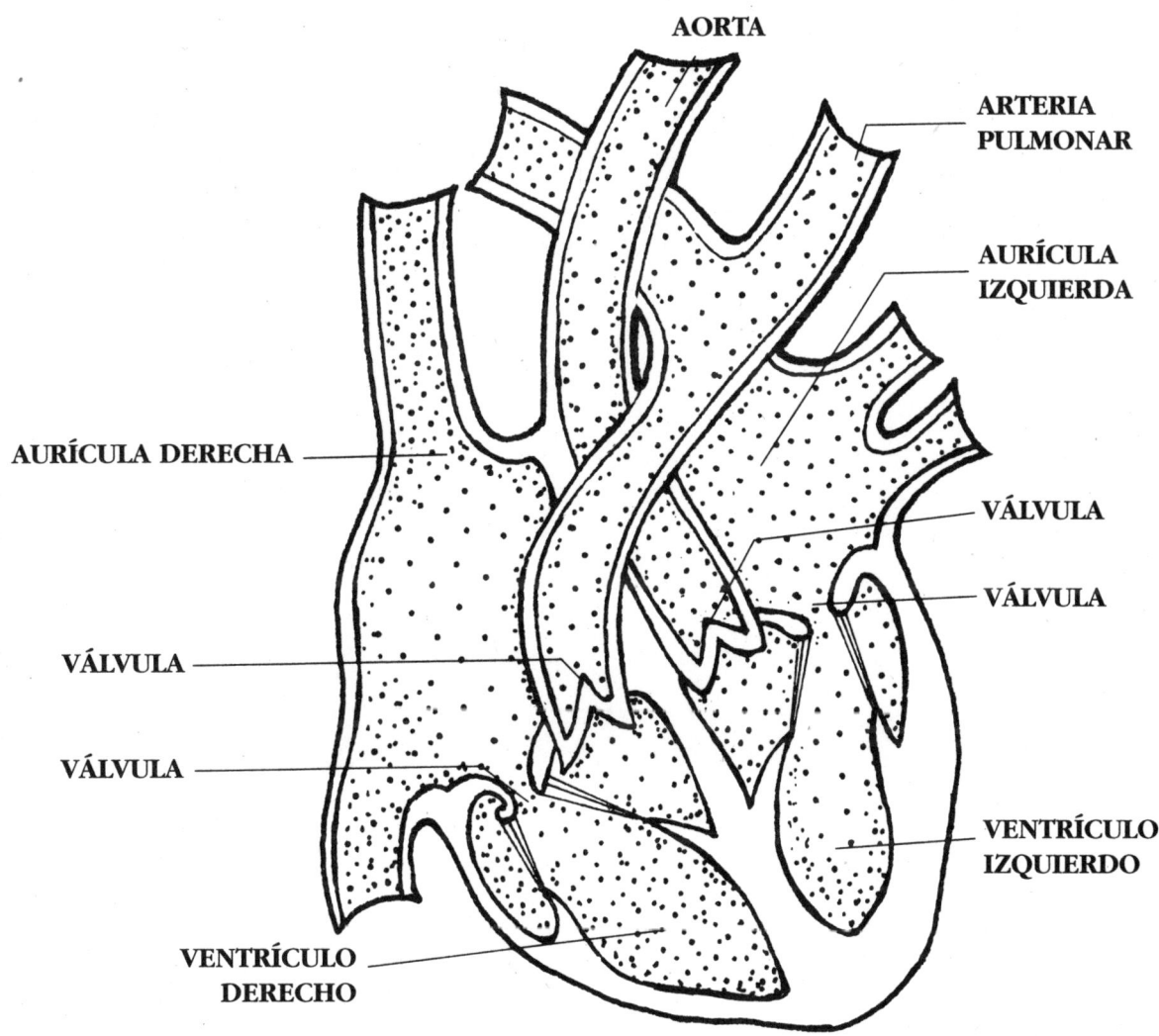

La vuelta de la sangre hacia el corazón se realiza mediante las venas, que se pueden permitir tener las paredes más finas, ya que la sangre no les llega con tanta fuerza como a las arterias. Algunas venas, como las de las piernas, trabajan contra la gravedad, por este motivo disponen de unas pequeñas válvulas que impiden que la sangre vaya por mal camino. Las venas más pequeñas se juntan con las grandes, como los riachuelos que desembocan en ríos más grandes. Finalmente, la vena más grande de todas «desemboca» en el corazón.

El increíble viaje de la sangre a través de nuestro cuerpo, del corazón a los pulmones, de nuevo al corazón, después por todo el cuerpo y otra vez al corazón, dura sólo 23 segundos.

DATOS ASOMBROSOS

Y el ganador es... ¡nosotros!

La musaraña, un animalito perteneciente a la familia de los roedores, tiene un corazón que late 1.000 veces por minuto y vive alrededor de un año y medio. El corazón de un conejo late unas 200 veces por minuto y vive 6 años. El corazón de un elefante late 25 veces por minuto y el animal vive unos 60 años. Si te atreves a hacer la multiplicación, descubrirás que cada uno de los mamíferos tiene entre 500 y 1.000 millones de latidos de corazón durante sus vidas. Por ejemplo, el conejo tiene 200 latidos por minuto × 60 minutos que tiene una hora × 24 horas que tiene el día × 365 días al año × 6 años. Ésta es más o menos la media de los mamíferos.

Los mamíferos más pequeños viven rápido y poco tiempo, mientras que los grandes, viven despacio y más tiempo. ¿Qué ocurre con los humanos, que también somos animales? Las personas viven alrededor de 70 años y sus corazones laten 70 veces por minuto, lo que significa que el corazón humano late unos 2.500 millones de veces antes de morir.

EXPERIMENTO

Tómate el pulso

El corazón late y manda oleadas de sangre al resto del cuerpo y lo puedes notar a través de las arterias. Es lo que se denomina pulso. La muñeca es una buena zona para sentir y ver el pulso.

Material necesario
Reloj con segundero
Trozo de plastilina
Mondadientes

Procedimiento

1. Para tomarte el pulso debes poner los tres dedos del medio de una de tus manos en el interior de la otra muñeca. Sentirás unos latidos regulares debajo de los dedos. Es tu pulso.

2. Siéntate en una silla durante 5 minutos y cuenta los latidos de la muñeca durante 1 minuto. Son tus pulsaciones por minuto. En un niño suelen ser de 90 a 120, mientras que en un adulto son alrededor de las 70.

3. Intenta correr o saltar durante varios minutos y vuelve a tomarte el pulso. ¿Qué ha ocurrido?

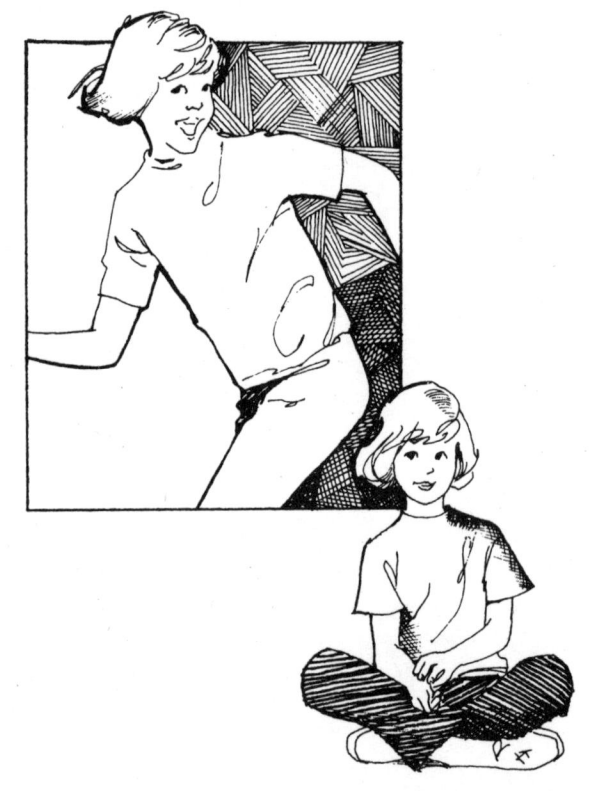

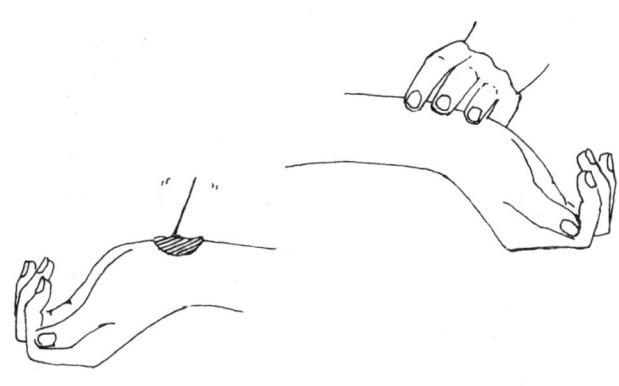

4. Ahora, trata de tomarles el pulso a algunos miembros de tu familia. ¿Qué has descubierto?

5. Para ver el pulso, fabrica un medidor de pulso. Haz una bola pequeña con la plastilina, más o menos del tamaño de una canica. Aplástala y colócatela en la muñeca. A continuación, pincha un mondadientes sobre ella. El mondadientes se moverá al ritmo de tus pulsaciones. No obstante, este experimento no funciona siempre con todo el mundo. Puede ser que funcione mejor en una muñeca que en otra. Antes de desistir, mueve un poco el mondadientes para intentar encontrar el punto en el que se mueve. Observa con atención el movimiento del palillo. Pruébalo con amigos y parientes. Si funciona, resulta divertido.

6. También puedes contar las pulsaciones de tus mascotas. Coloca la mano en el pecho del gato o del perro, detrás de la pata delantera izquierda. El latir del corazón de las mascotas roedoras, como los conejillos de indias, se puede sentir sólo cogiéndolos en brazos. Ve con cuidado, ¡no aprietes!

EXPERIMENTO

PUM-PUM, PUM-PUM

Los médicos utilizan un estetoscopio para percibir los latidos del corazón de las personas. Puedes fabricar tu propio estetoscopio para auscultarte el corazón.

Material necesario
2 embudos
Tubo de goma o de plástico que encaje en los extremos
 estrechos de los embudos (de unos 60 cm de longitud)
 NOTA: Los tubos de las peceras son baratos y fáciles de utilizar;
 los venden en tiendas de animales.
Un amigo

Procedimiento
1. Coloca los extremos del tubo en los extremos estrechos de los embudos.

2. Id a un lugar tranquilo. Sitúa la parte ancha de uno de los embudos en el pecho de tu amigo, un poco hacia la izquierda y el otro en tu oreja. ¿Oyes el latido del corazón de tu amigo? Quizá debas mover un poco el estetoscopio para encontrar el punto exacto donde se oye.

3. Haz que tu amigo se presione ligeramente en el punto y ausculta de nuevo. ¿Qué ha ocurrido?

4. Cambiaros los papeles y deja que tu amigo te ausculte a ti.

Resultado
La gente suele decir que el corazón hace PUM-PUM, PUM-PUM. Se trata del sonido que hace la válvula situada entre el ventrículo y la aurícula al abrirse y cerrarse. El PUM más fuerte es el sonido de la válvula que está encima del corazón cuando se cierra. Las válvulas hacen que la sangre salga del corazón de forma intermitente.

DATOS ASOMBROSOS

Cantidad de sangre

- Un adulto varón medio tiene entre 5 y 6 litros de sangre. Una mujer entre 4 y 5 litros. El corazón hace circular la sangre más de 1.000 veces al día.
- Si pusiéramos todos los vasos sanguíneos del cuerpo estirados uno al lado del otro, medirían 96.000 km, la misma distancia que dar la vuelta al mundo dos veces y media.
- Las venas y arterias más anchas miden 2,5 cm de diámetro. Los capilares más pequeños son más finos que un cabello de una persona.
- Un adulto tiene alrededor de 35 billones de células sanguíneas y cada una vive unos 4 meses. Antes de desaparecer hace aproximandamente 160.000 viajes hacia y desde el corazón.

EXPERIMENTO

Descubre tus vasos sanguíneos

Quizá hayas visto alguna vez algunos vasos sanguíneos bajo tu piel, en el interior de las muñecas o del codo. Te propongo que mires algunos que seguro que jamás has visto.

Material necesario
Espejo
Linterna pequeña

Procedimiento

1. Necesitas un espejo con luces encima, como por ejemplo el del baño.

2. Prepárate para ver algo realmente extraño. Curva la lengua y observa. Nunca te hubieras imaginado que tuvieras esto dentro de la boca, ¿verdad? La lengua es un músculo grande con muchos vasos sanguíneos. Los más gruesos y azulados son venas. Los gruesos y rosáceos son arterias. Los ramificados y rojos son capilares, los más pequeños de los vasos sanguíneos.

3. Otra zona buena para ver vasos sanguíneos es el párpado. Con cuidado, bájate el párpado inferior y hecha un vistazo.

4. También puedes ver vasos sanguíneos dentro de los ojos. Ve a una habitación oscura y cierra los ojos. Enciende la linterna y colócala con cuidado encima de uno de los párpados, en la esquina del ojo. Apaga la linterna y verás unas ramificaciones misteriosas, como un árbol sin hojas. Lo que realmente estás viendo son los vasos sanguíneos de la parte posterior de tus ojos.

5. ¿Quieres ver el pulso en los capilares de tus ojos? El cielo tiene que estar despejado. Cierra un ojo y mira al cielo con el otro (no al sol directamente). Verás puntitos que se mueven al ritmo de los latidos del corazón.

DATOS ASOMBROSOS

Anticuerpos al rescate

Algunos de los glóbulos blancos circulan de una forma especial, buscando virus, es decir, pequeños gérmenes que se introducen en tu cuerpo y te hacen enfermar. En la superficie de estas células están los anticuerpos, que son elementos químicos con unas formas características (como llaves intentando encontrar su picaporte). El picaporte es el virus enemigo.

Cuando los glóbulos blancos se encuentran con algún tipo de virus enemigo, empiezan a fabricar anticuerpos para combatirlo y evitar que se extienda. Otros glóbulos blancos llegan y se comen a los virus. No obstante, siempre hay unos glóbulos blancos que permanecen en la sangre, preparados para atacar. Si el mismo tipo de virus intenta dañarte de nuevo, será derrotado de inmediato.

Cuando te vacunan para inmunizarte contra enfermedades tales como la polio o el sarampión, lo que hacen es inyectarte virus muertos o débilitados. Como para tu cuerpo son enemigos, fabrica anticuerpos para luchar contra ellos. Posteriormente, si los virus reales aparecieran para ponerte enfermo, los anticuerpos te salvarían.

Los pulmones

Cuando era pequeño, a veces, quería comprobar cuánto tiempo podía aguantar sin respirar. Al cabo de un minuto, ¡me daba la sensación de que me iban a explotar los pulmones!, y tenía que inspirar de nuevo. Recuerdo lo agradable que resultaba volver a respirar.

La mayor parte del tiempo no pensamos en la respiración. Pero, igual que todos los seres vivos, necesitamos un gas que se llama oxígeno. Lo necesitamos para quemar el petrolio de nuestro cuerpo (la comida) y ponernos en marcha. Nuestros pulmones están diseñados para coger el oxígeno del aire. Los peces tienen branquias para coger el oxígeno del agua.

Cada minuto, incluso cuando estás dormido, respiras entre 15 y 20 veces, por supuesto, respiras más rápidamente si corres o saltas, pero, afortunadamente, nunca debes pensar en ello. Podrías sobrevivir semanas sin alimento, días sin agua, pero sin oxígeno sólo podrías sobrevivir unos minutos.

La respiración empieza en la boca y en la nariz. Si tienes la nariz tapada debido a un resfriado, puedes utilizar la boca para respirar, aunque si lo haces, empezarás a notar la garganta seca. La nariz funciona mejor cuando se trata de respirar porque humedece y calienta el aire antes de que te entre en el cuerpo. La nariz tiene vello y mucosidades (lo que sale de tu nariz cuando te suenas) que atrapan las bacterias.

La faringe (la garganta) es el conducto que une la boca y la nariz y se divide en dos: uno es para la comida y el otro, denominado tráquea, para el aire. La tráquea tiene una puerta en su parte superior llamada epiglotis. De vez en cuando, especialmente si estás riéndote y hablando mientras comes, un trozo de comida se las arregla para pasar por el otro lado. Cuando esto sucede, la tos lo devuelve a su sitio.

La tráquea es como el tronco de un árbol boca abajo, que llena tu pecho desde el cuello hasta la base de las costillas. El tronco se divide en ramas llamadas bronquios que terminan en los pulmones. Dentro de los pulmones, los bronquios se extienden formando más ramificaciones, llamadas bronquiolos. En los extremos de las ramitas más pequeñas, en lugar de haber hojas, hay una especie de grupos de globos pequeños. Se trata de los alveolos, de los cuales tenemos millones en los pulmones. Si los pudiéramos extender, ocuparían un área 25 veces mayor que la de la piel.

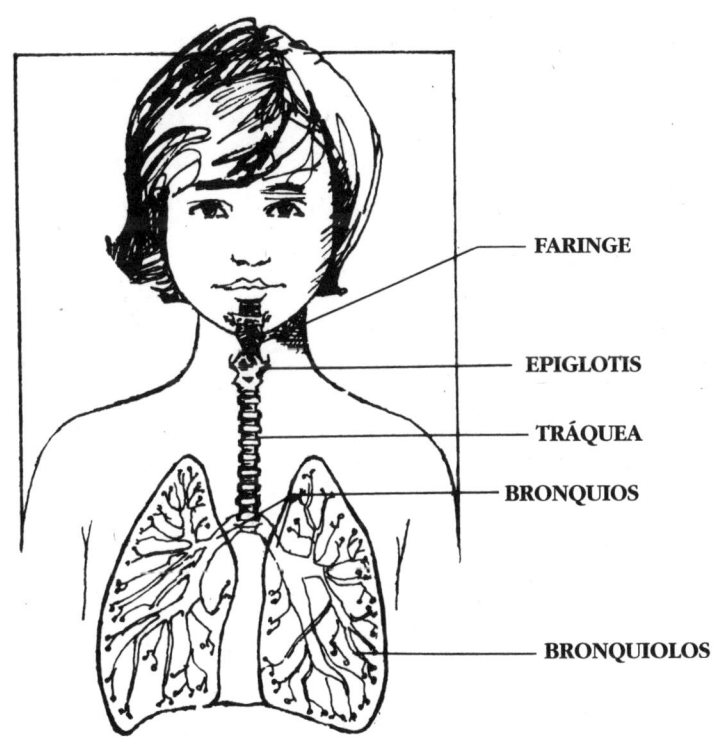

El aire que respiras al final termina en los alveolos, que están rodeados de vasos sanguíneos. Las paredes de los alveolos son tan finas que los gases pueden pasar a través de ellas hacia la sangre. Los vasos sanguíneos cogen el oxígeno y lo transportan por todo el cuerpo. Además, deshechan otro elemento que el cuerpo no requiere, el dióxido de carbono, así como vapor de agua. En un día de invierno, colócate detrás de una ventana muy fría y respira. Verás cómo se forman gotas de agua.

Un músculo grande, llamado diafragma se extiende debajo de los pulmones. Cuando se contrae, baja un poco, y es en este momento cuando las costillas y los pulmones se expanden y el aire es inspirado. Cuando se relaja, el aire sale del cuerpo.

Inspiramos y espiramos miles de veces al día, Si hay polución, la suciedad acaba en los pulmones. Todos deberámos luchar por un aire más limpio, uniéndonos a los grupos ecologistas o mandando cartas al gobierno para que sepan cómo nos sentimos.

Una de las cosas más importantes que puedes hacer en beneficio de ti mismo es no fumar. No hay duda de que fumar provoca cancer y otras enfermedades respiratorias. Además, tampoco es bueno para la circulación ni para el corazón. Respira hondo una mañana fresca. ¿No te sientes bien? Cuida los pulmones para poderte sentir así de bien cada mañana.

DATOS ASOMBROSOS

¡Vaya pulmones!

Un estornudo es una cosa difícil de evitar. Cuando entra algo en la nariz que no debería estar ahí, como porquería o bacterias, el cuerpo te hace estornudar. El estornudo es un reflejo, como la tos o los bostezos, algo que haces sin siquiera darte cuenta.

Primero abres la boca y tomas una gran bocanada de aire (¡AAAH...), los músculos del pecho se sacuden, el aire sube desde los pulmones hasta la nariz a gran velocidad (... CHÍÍÍS!). Los estornudos llevan una velocidad de unos 160 km/h, más que algunos coches en las autopistas y más que el balón en las ligas principales de fútbol.

EXPERIMENTO

Un modelo de respiración

Construye un modelo que te muestre cómo respiran los pulmones.

Material necesario
Botella de plástico transparente y blando
2 globos
Trozo de plastilina
Pajita de plástico
Tira elástica pequeña
Tijeras

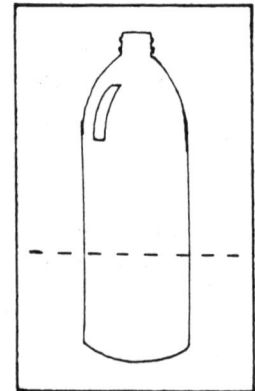

Procedimiento
1. Corta la base de la botella (debes pedir ayuda a un adulto).

2. Hincha un globo. Corta el otro extremo y estíralo por la botella.

3. Pon la abertura del globo en la pajita para beber y sujétalo con la tira elástica.

4. Introduce el globo y la pajita en la botella de forma que el globo quede metido dentro de la botella.

5. Tapona la boca de la botella con plastilina. Si la botella tiene un tapón de plástico, puedes hacerle un agujero. La boca debe quedar cerrada herméticamente cuando se le meta al pajita.

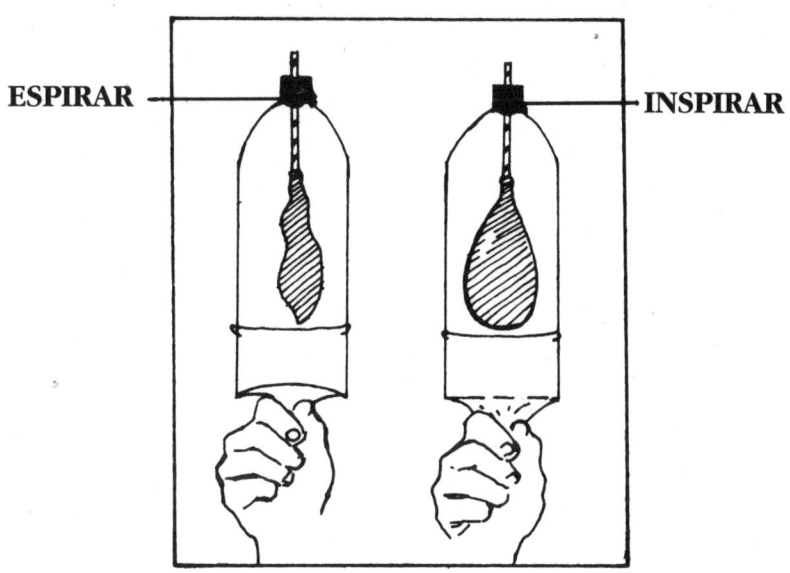

6. Haz subir el globo que has estirado por la botella. ¿Qué es lo que ves? Ahora estíralo. ¿Qué sucede? Sujeta la pajita cerca de ti. ¿Qué sucede cuando haces subir y empujas el globo?

Resultado

Se trata de un modelo del modo como respiras. La botella representa tu pecho, y el globo en la parte inferior de la botella simula el diafragma. El globo dentro de la botella figura uno de tus pulmones y la pajita los bronquios. Cuando haces subir el «diafragma», el globo-pulmón se desinfla y el aire sale por la pajita. Eso es lo que sucede cuando espiras. Cuando estiras el diafragma, el aire entra en el pulmón y lo llena. Eso es lo que ocurre cuando inspiras.

EXPERIMENTO

¡Sopla!

¿Cuánto puedes llegar a soplar de una vez? Te proponemos un método para averiguarlo.

Material necesario

Jarrón grande de plástico con una capacidad aproximada de 4 litros
Trozo de tubo de plástico o de goma de unos 90 cm de longitud
Lavabo con tapón
Rotulador con el que se pueda escribir en el jarrón
Vaso medidor
Bloc y lápiz
Compañero

Procedimiento

1. Con el vaso medidor, llena el jarrón de agua. Cada 500 ml (2 vasos), haz una señal en el jarrón para mostrar el nivel alcanzado por el agua. Sigue hasta llenar totalmente el jarrón, marcando cada 500 ml.

2. Tapa el lavabo. Llénalo de agua en unos ⅔ de su capacidad.

3. Coloca la mano encima del jarrón para que no se vaya el agua. Gira el jarrón boca abajo dentro del lavabo, sin dejar escapar ni una gota de agua. Si ves que el jarrón pesa demasiado o tienes la mano demasiado pequeña para taparlo, pide ayuda a una persona adulta y sigue con el paso 4.

4. Pide a tu amigo que sujete el jarrón. Coloca un extremo del tubo en la boca del jarrón. Déjalo encima de la base del lavabo, pero no dejéis de sujetarlo para que el tubo no se salga.

5. Ponte el otro extremo del tubo en la boca y sopla.

6. El aire hace burbujas en el jarrón. Observa las señales que hiciste con el rotulador y sabrás cuánto has soplado. Registra el resultado.

7. Repite el proceso y luego deja que lo pruebe tu compañero.

8. Llena el jarrón de nuevo, pero, esta vez, haz unas cuantas inspiraciones profundas antes de soplar. Coge aire y sopla en el tubo. ¿Falta mucho para que vacíes el jarrón?

La cantidad más elevada de aire que puede soplar un adulto es de 4 o 5 litros. En una respiración normal, la gente sopla unos 0,5 litros. Recuerda que los niños tenéis los pulmones más pequeños y, por tanto, vuestra capacidad respiratoria también es menor.

El aparato digestivo

¿Cuál es tu comida favorita? ¿Rollitos de primavera? ¿Pasta? ¿Carne con patatas? ¿Cuál es tu postre favorito? ¿Pudín de chocolate? ¿Fresas con nata? Si vives en un país que disponga de alimentos suficientes, eres un niño afortunado. La comida es uno de los placeres de la vida.

En realidad, a tu cuerpo no le importa que prefieras las hamburguesas o las costillas de cerdo, las naranjas o las fresas. Simplemente, necesita comida, pero en una forma que nunca verás en el menú de un restaurante. El cuerpo necesita hidratos de carbono (azúcares y almidones) que puede tomar de la fruta, la leche y el pan, entre otros. También requiere de proteínas, que encontrará en la carne, el pescado, los huevos, el queso y otros alimentos de este tipo. Asimismo, precisa de grasas, como las que tienen alimentos como la mantequilla, las nueces y la carne. Por último, el cuerpo necesita vitaminas, minerales y mucha agua.

El aparato digestivo es un tubo largo que está dentro de tu cuerpo. Una persona adulta tiene unos 8 metros de tubo. Supongo que te preguntarás cómo cabe un tubo tan grande dentro de ti. Bien, la mayor parte de él está enrollado, como una manguera de jardín. La función del aparato digestivo es convertir la comida que ingieres en una sustancia que las células sean capaces de utilizar.

Cuando introduces comida en la boca, empieza la digestión. Con los dientes troceas los alimentos y la saliva los ablanda. La saliva posee encimas, es decir, sustancias químicas que despedazan los alimentos. La lengua empuja los alimentos hacia la garganta y en este momento los tragas. Hasta aquí, el proceso es consciente, pero a partir de este punto la digestión seguirá sin que debas pensar en ella, mientras lees un libro, juegas o incluso mientras duermes.

Cuando tragas los alimentos, la comida no va directa a tu estómago, sino que va al esófago, donde se encuentra con unos músculos que la van haciendo descender. El esófago es un tubo de unos 25 cm de longitud que termina en el estómago. Una vez ya hayas tragado el alimento, el esófago presionará para que los alimentos se dirijan al estómago aunque estés haciendo la vertical.

Colócate la mano encima del estómago. ¿La has puesto en el ombligo? Mucha gente cae en este error. Tu estómago está bastante más arriba, justo debajo de las últimas costillas. Cuando el estómago está vacío se asemeja a una salchicha vacía en forma de J. Después de un gran banquete, parece una pelota de fútbol americano.

La comida sólo tarda unos segundos en descender por el esófago. A continuación, todo ocurre más despacio. La comida se queda en el estómago hasta que sucedan toda una serie de cambios. Las paredes del estómago son músculos que se pueden estirar en tres direcciones. Trituran y baten la comida hasta que está completamente mezclada, después le echan un fuerte ácido que ayuda a romper las proteínas convirtiendo lo que comiste en una especie de sopa. Cuando comiste algo que te sentó mal, esta «sopa» es lo que sueles vomitar.

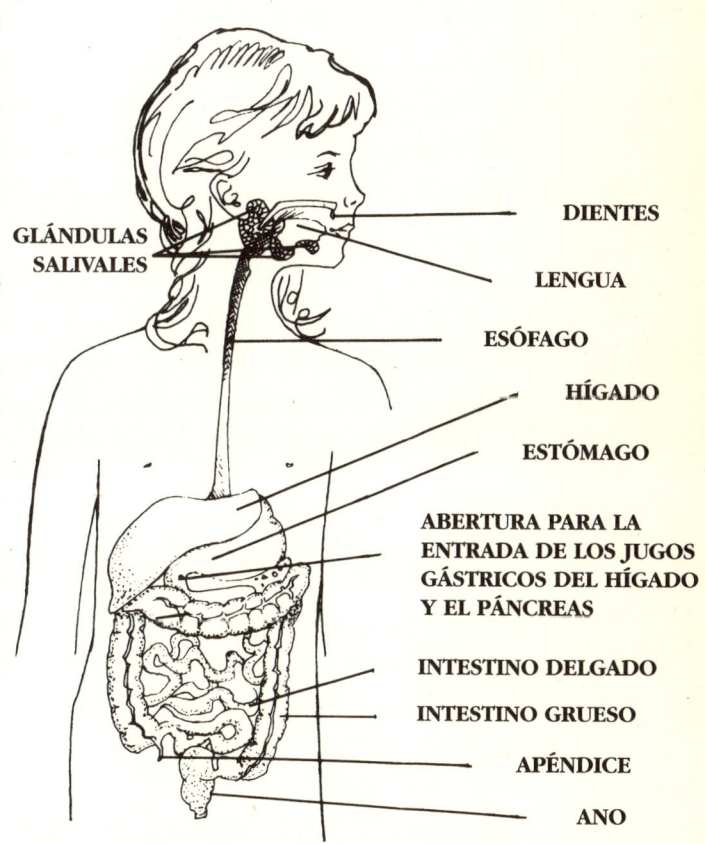

En la parte inferior del estómago hay un esfínter, un músculo en forma de anillo, que se abre cada varios minutos y deja pasar la comida al intestino delgado, donde tiene lugar la mayor parte de la digestión. Se necesitan de 3 a 5 horas para realizar la digestión completa.

El intestino delgado es un tubo enrollado de 6,5 metros de longitud. Durante unas 5 horas, la comida está en el intestino delgado. Dos de los órganos más importantes del cuerpo segregan los jugos digestivos: el hígado y el páncreas. El hígado elabora un líquido espeso y verde llamado bilis, que deshace las grasas. El páncreas produce un jugo lleno de encimas que descompone los azúcares, las proteínas y la grasa.

Las paredes del intestino delgado están llenas de vellosidades, que son como dedos muy pequeños. Cada uno contiene capilares (vasos sanguíneos más finos que los pelos). Los nutrientes se descomponen para poder pasar por las paredes hacia los capilares. Los capilares los transportan a todas las partes de tu cuerpo. Horas después de haberte tragado el alimento, las células se nutren.

El alimento que todavía no ha sido digerido pasa al intestino grueso, que es más grande que el delgado pero más corto y está situado alrededor de éste. Mide 1,5 metros. Se parece a una salchicha en forma de U boca abajo. Termina fuera de tu cuerpo, en un esfínter llamado ano. El intestino grueso coge tanta agua como puede de la comida restante y lo demás es lo que se denomina excrementos (y otras palabras menos apropiadas). Finalmente, llega el único momento de la digestión en el que tienes que pensar: cuando haces una excursión al baño.

EXPERIMENTO

Enzimas en acción

¿Sabías que la digestión empieza en la boca? Dales a tus enzimas algo para que puedan trabajar y verás y saborearás lo que hacen.

I. Galletas crujientes

Material necesario
Galleta crujiente o media rebanada de pan

Procedimiento
Mastica la galleta o el pan. Déjalo en la boca durante 5 minutos. Verás que la boca se te llena de un líquido, pero intenta no tragar. ¿Cómo cambia el sabor de la galleta o del pan?

II. Saliva

Material necesario
Jarra de bebida de cereales para bebé

Procedimiento
Añade unas cuantas gotas de saliva a la bebida de cereales. Deja la bebida en la cocina durante toda la noche. Por la mañana, observa lo que ha sucedido. ¡Qué asco! ¿Pero qué es esto? Sin comentarios, seguro que no vas a utilizar esta porquería para alimentar a un bebé de la familia.

Resultado
La saliva contiene una enzima llamada amilasa. Las enzimas son sustancias químicas que descomponen los alimentos para que el cuerpo los pueda utilizar. La amilasa tiene la función especial de transformar el almidón en azúcar. Esto es lo que le sucede a la galleta crujiente si la dejas en la boca. Respecto a la comida para bebés, la saliva ha descompuesto el almidón convirtiéndola en una mezcla asquerosa.

EXPERIMENTO

Vitamina C

La vitamina C es sólo una de las vitaminas que necesitamos. Mantiene sanas nuestras encías y ayuda a cicatrizar las heridas. Prueba diferentes zumos de frutas y descubre cuánta vitamina C tienen.

Material necesario
Hervidor
Vaso medidor de 250 ml
Almidón
Yodo
Cuentagotas
Vaso
Cuchara
Zumos de frutas recién exprimidos: de naranja, de limón, y bebidas enriquecidas con sabor a frutas
Bloc y lápiz

Procedimiento

1. No realices este paso sin contar con la ayuda de una persona adulta. Hierve un poco de agua en el hervidor. Cuando hierva, viértela en el vaso medidor.

2. Añade 5 ml de almidón al agua y remueve bien.

3. Utilizando el cuentagotas, añade unas cuantas gotas de yodo al agua. Mientras lo haces, ve removiendo con una cuchara. Sigue añadiendo yodo hasta que veas que el agua se vuelve azul. Se trata de tu analizador de vitamina C.

4. Aparta el yodo. En este análisis es inofensivo, pero si lo tragas resulta muy venenoso. Intenta mantenerlo fuera del alcance de niños pequeños que puedan tener el impulso de probarlo.

5. Limpia el cuentagotas porque vas a necesitarlo de nuevo.

6. Vierte un poco de la mezcla obtenida en el paso 3 en el vaso. Añade un poco de zumo al vaso con el cuentagotas. ¿Cuántas gotas son necesarias para que desaparezca el color azul? Registra el número de gotas. Cuanta más vitamina C haya en la fruta, menos gotas necesitarás para hacer desaparecer el azul.

7. Haz la prueba otra vez con otro zumo y otro analizador. Compara un zumo de frutas natural con uno envasado. ¿Cuál contiene más vitamina C? Prueba con una bebida que ponga en la etiqueta «Bebida de naranja». ¿Tiene vitamina C?

✋ **8.** ¿Qué le ocurre a la vitamina C cuando se calienta? Descúbrelo hirviendo un poco de zumo de naranja en una cacerola. Debes utilizar uno de los zumos del paso 7 para poder comparar los resultados. Añade el zumo hervido con el cuentagotas en el analizador. ¿Hay vitamina C?

9. Deja en la cocina un vaso de zumo de naranja durante dos días y después analízalo. ¿Hay vitamina C?

¿Hemos conseguido darte una idea sobre la mejor manera de tomar la vitamina C?

EXPERIMENTO

Una merienda sana

¿Por qué escoger comida basura, cuando puedes tomar un tentempié delicioso y bueno para ti? Te proponemos una merienda fácil de preparar.

Material necesario

60 ml de mantequilla
60 ml de manteca de cacahuete
125 ml de miel
5 ml de vainilla
375 ml de harina
125 ml de trigo germinado tostado
85 ml de leche en polvo desnatada
30 ml de cacao en polvo sin azúcar
0,5 ml de canela
Semillas de sésamo y nueces picadas

Vasos y cucharas medidores
Cacerola
Cucharón de servir
Papel de horno
Papel de cera

Procedimiento

1. Coloca la mantequilla y la manteca de cacahuete en una cacerola. Cuécelo a fuego lento.

2. No dejes de remover con el cucharón hasta que los dos ingredientes estén derretidos. Retira la cacerola del fuego (¡no olvides apagar el fogón!).

3. Vierte la vainilla y la miel, después la harina, el trigo germinado, la leche en polvo, el cacao y un poco de canela. Lee los ingredientes de nuevo para comprobar que no te has olvidado de ninguno.

4. Coloca las semillas de sésamo y las nueces picadas en el papel de cera. Cubre el papel de horno con otra hoja de papel de cera.

5. Con las manos, enrolla la mezcla. Debe tener alrededor de 1 cm de grosor y 7 cm de longitud.

6. Colócalos en el papel de horno. Métetelos en la nevera durante dos horas, o hasta que veas que están lo suficientemente duros para cogerlos y comerlos. Cómelos y pon lo que te haya sobrado en un envase con tapadera.

DATOS ASOMBROSOS

Refunfuñar en griego

Nos ha pasado a todos un día u otro. Si tienes mala suerte, te ocurre en un sitio silencioso y tranquilo donde los demás pueden oírlo. Tus pobres intestinos hambrientos empiezan a sonar. Tu aparato digestivo se mueve, igual que si tuviera comida dentro, cuando en realidad sólo hay gases y jugos. Sientes como si los ruidos vinieran de tu estómago, pero en realidad vienen de los intestinos. Si te sientes muy incómodo puedes disculparte diciendo: «Lo siento, mis borborigmos actúan de nuevo». ¿Qué es *borborigmo*? Es una palabra de la jerga médica que proviene del griego y significa «sonar las tripas».

DATOS ASOMBROSOS

Comer fuera, al estilo de una estrella de mar

La mayoría de animales digieren el alimento dentro de sus cuerpos, normalmente en algún tipo de tubo largo. No obstante, las estrellas de mar usan otra forma de digestión. Su comida favorita son las almejas. La estrella de mar no tiene dientes ni pinzas para abrir la concha de las almejas, pero lo curioso es que no le hace falta. En lugar de ello, la estrella de mar pega su boca al pequeño agujero que queda entre concha y concha. ¿Te has preguntado alguna vez dónde tiene la boca una estrella de mar? Pues la tiene en la parte de abajo, entre sus brazos. La estrella saca el estómago por la boca y lo mete entre las conchas de la almeja. A continuación, la digiere. Tarda tres días en digerir lo que ha consumido y, cuando termina, se traga el estómago.

El cerebro y los nervios

¿Qué está haciendo el cerebro por ti en estos momentos? ¡Todo! El cerebro es el director del cuerpo. Te permite leer y comprender este libro mientras controla los latidos de tu corazón, la respiración, e infinidad de acciones corporales. El cerebro está encerrado en una caja de seguridad de huesos: el cráneo, pero está en permanente contacto con todo lo que pasa dentro y fuera de ti a través de una gran red de nervios y la médula espinal.

El cerebro de una persona adulta pesa unos 1,4 kg. Tres cuartas partes de este peso corresponden al *cerebrum*, que se divide en dos mitades o hemisferios. La parte arrugada y doblada se llama córtex cerebral.

El córtex cerebral se ocupa de pensar y recordar. Los estudiosos del cerebro aún no saben por qué razón nos acordamos de las cosas, pero saben que hay dos tipos de memoria, a largo plazo y a corto plazo. La memoria a corto plazo es suficiente para permitir que te acuerdes de cosas como marcar un número de teléfono que acabas de mirar. La memoria a largo plazo es la que te permite almacenar información durante más tiempo.

El córtex cerebral recibe los mensajes de los nervios desde los ojos, las orejas y los sensores táctiles de la piel, y decide qué hacer con ellos. Después, transporta los mensajes a través de otros nervios para que puedas mover los músculos. Los nervios del cuerpo se cruzan cuando van hacia el cerebro, pero nadie sabe por qué. Esto significa que la parte izquierda del córtex controla la parte derecha del cuerpo, y la parte derecha del cerebro la parte izquierda del cuerpo.

Para algunas funciones concretas, los hemisferios se especializan (dividen el trabajo). El hemisferio izquierdo, por ejemplo, es el encargado de hablar y aprender idiomas. El hemisferio derecho considera las formas y las distancias y es el responsable de dibujar. Los estudiosos del cerebro creen que algunos seres humanos pueden tener el cerebro dividido de diferente forma. Todavía hay muchas cosas acerca del cerebro que desconocemos.

Entre el *cerebrum* y la parte posterior del cerebro tienes el cerebelo, que se encarga del equilibrio y de que los músculos funcionen correctamente.

En lo más profundo del cerebro y debajo del *cerebrum* hay unas partes muy pequeñas pero importantes que forman parte del sistema límbico. Una de estas partes, el hipotálamo, mantiene el cuerpo a la temperatura adecuada, te avisa cuando tienes hambre y sed, te hace dormir y despertarte, te hace sentir emociones fuertes como el miedo y la rabia. Es curioso que algo del tamaño de un guisante pueda hacer tantas cosas.

En la parte posterior e inferior del cerebro tenemos el tallo cerebral, por donde los mensajes entran en el cerebro. Parte del tallo cerebral clasifica los mensajes y decide dónde debe dirigirse cada unos de ellos. Asimismo, se encarga de la respiración y del pulso sin molestar a las otras partes del cerebro.

La médula espinal es un grueso cable de nervios que atraviesan toda la espalda hasta el cerebro. Está protegida por una serie de huesos en cadena llamados vértebras, entre las cuales hay pequeños espacios por donde pasan los nervios que van a todo el cuerpo. Algunos nervios contienen mensajes del *cerebrum* y del cerebelo, otros ponen en marcha los músculos voluntarios, otros transportan mensajes del tallo cerebral, hacen funcionar los músculos en los que no tienes que pensar, impulsan la sangre, trituran la comida en el estómago, etc. Tenemos otro tipo de nervios que transportan mensajes hacia el cerebro, básicamente contándole lo que está pasando en el resto de tu cuerpo.

Algunos mensajes de los nervios no van más lejos que a la médula espinal. Se trata de los reflejos. Supón que, por accidente, coges un cazo hirviendo de la cocina y el mango quema. La mano se aparta antes de que tengas tiempo de pensar en ello. Tan pronto como la señal de que aquello quema llega a la médula espinal, ésta manda un mensaje en dirección contraria: «¡Suéltalo!». Si tuvieras que esperar que el cerebro mandara el mensaje, te quemarías.

El cerebro está compuesto por una serie de células parecidas a arañas denominadas neuronas. Cada neurona tiene sus dendritas y su axón. Los mensajes de los nervios van del axón de una neurona a la dendrita de otra. El mensaje se desplaza como una señal eléctrica pero requiere de sustancias químicas cerebrales especiales para poder hacerlo.

¿Cuántas neuronas tenemos? Parece ser que entre 10 mil millones y 100 mil millones. Aunque cada día se descubren muchas cosas acerca del cerebro, nos quedan muchos misterios por resolver. ¡Es interesante el hecho de que utilicemos el cerebro para saber más sobre él!

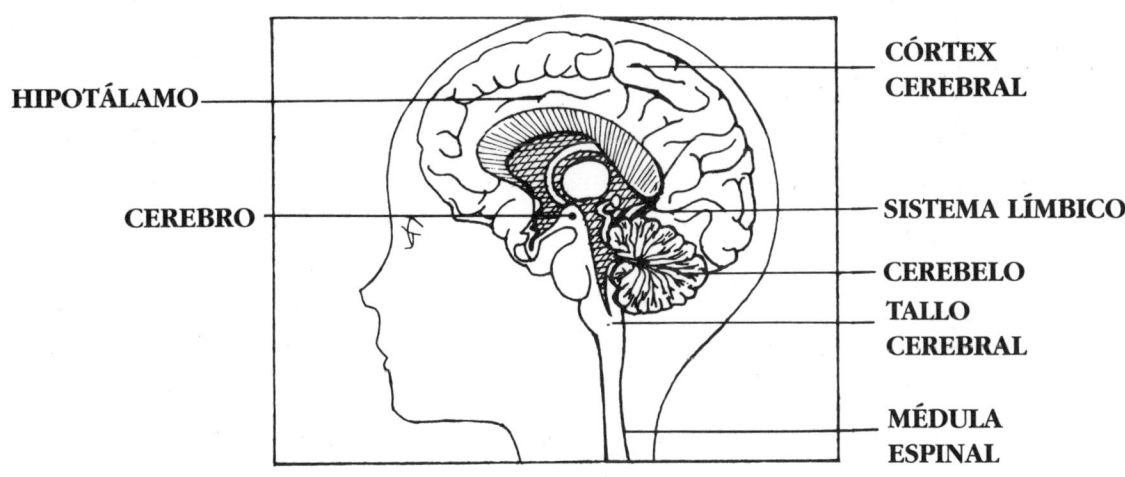

EXPERIMENTO

Memoria poderosa

Antes de que la gente aprendiera a escribir las lenguas, los antiguos cuenta cuentos se entrenaban para recitar largas historias y poemas. Las historias se contaban de generación en generación, de forma que nunca se perdían. Actualmente, podemos entrenar la memoria igual que lo hacían los cuenta cuentos escuchando una misma cosa repetidas veces. Esta actividad no requiere tanto trabajo, al contrario, es muy divertido.

Material necesario
Al menos una persona, aunque un grupo de cuatro o cinco es mejor

Procedimiento

1. Una persona empieza «En la maleta metí... un bañador» (o cualquier otra prenda).

2. La segunda persona repite lo que la primera ha dicho y añade otra cosa: «En la maleta metí un bañador y... una sandía».

3. La tercera persona dice: «En la maleta metí un bañador, una sandía y una boa constrictor». Y así sucesivamente.

4. Cada persona debe recitar toda la lista de cosas que han ido diciendo los demás en el orden correcto. La primera persona que falle deberá pagar una prenda. La primera prenda puede consistir en hacer una lista de lo que los demás van diciendo. De esta manera, si hay un desacuerdo acerca de lo que se dijo, podréis mirarla.

Lo que resulta interesante en este juego es que la gente suele recordar las primeras cosas de la lista muy bien pues las han oído repetidas veces. Sin embargo, todo el mundo es propenso a olvidar lo que dijo la persona que va justo delante de ellos.

También resulta llamativo lo que la gente hace y dice para recordar las palabras, porque te muestra cosas sobre cómo funciona el cerebro de los demás. Algunas personas fruncen el ceño, cierran los ojos, o se golpean la frente mientras piensan. Otros dicen: «Sé que empieza por g...» o «Sé que era algún tipo de animal, pero ¿cuál?», o vuelven a empezar toda la lista para ver si se les ocurre la palabra que han olvidado.

Estudiosos del cerebro utilizan juegos como éste a fin de tratar de comprender cómo piensan los seres humanos. Los informáticos también se interesan mucho por el funcionamiento del cerebro porque desean programar los ordenadores para que piensen como auténticos seres humanos.

EXPERIMENTO

Imágenes mentales

Tus dedos le pueden proporcionar al cerebro una imagen mental de algo que los ojos no pueden ver.

Material necesario
Monedas: de todos los valores existentes
Compañero

Procedimiento

1. Ponte las monedas en los bolsillos o en una bolsa fina.

2. Tócalas con las manos. Sin mirar, siente las monedas. ¿Sabes cuál es cuál?

3. Pide a tu compañero que nombre una de las monedas e intenta sacarla. Sigue haciendo lo mismo hasta vaciar el bolsillo. Después, deja que tu amigo lo intente. ¿Cómo lo habéis hecho?

4. Alinea las monedas encima de una mesa. Cierra los ojos. Pide a tu compañero que cambie el orden de las monedas para que no sepas dónde está cada una.

5. Toca las monedas con la yema de los dedos. Debes tocar toda la moneda, también los bordes. Intenta adivinar qué moneda estás tocando.

Resultado

Quizá encontraste más difícil identificar las monedas cuando estaban en la mesa. Cuando las llevabas en el bolsillo, podías moverlas, sentir su peso, tocarlas por todos los lados y compararlas entre ellas. De toda la información que los receptores nerviosos de los dedos le han mandado al cerebro, el cerebro ha hecho una imagen mental de lo que había en el bolsillo. Esto se denomina tacto háptico.

EXPERIMENTO

La fuerza de los hábitos

Los hábitos nos ahorran mucho tiempo a lo largo del día. Cuando aprendemos a realizar una cosa, lo hacemos muy despacio, paso a paso. A medida que se convierte en hábito, lo podemos hacer en un periquete, casi sin darnos cuenta. Fíjate en algunos de tus hábitos.

I. Barras y puntos

Material necesario
Hojas de papel y lápices
Familiares o amigos (puedes hacerlo solo, pero resulta más divertido en grupo)

Procedimiento
1. Una persona lee en voz alta las frases que aparecen a continuación. Los demás deberán escribirlas lo más deprisa posible. La trampa es la siguiente: las personas que escriben al dictado han de evitar trazar las barras de las «t» y los puntos o acentos de las «i». He aquí las frases (aunque, evidentemente, puedes elegir otras):
   - ¿Te parece que esto es un truco o se trata de un test?
   - Dos trocitos de tela tintada para cubrir el tatami.
   - El tití tintineaba los platillos entre titubeos.
   - Tanto titilan las estrellitas que tontean tímidamente.
   - Las tijeras hacen tris tras en la tosca tela y retumban en los tímpanos.

2. Probablemente te darás cuenta de que los escritores han puesto la barra a varias «t» y el punto o el acento a varias «i», aun cuando intentaban no hacerlo. De hecho, a los adultos les resulta mucho más difícil omitirlos que a los niños. Sus hábitos están más arraigados, porque llevan bastantes años escribiendo. Los niños, que dominan la escritura desde hace mucho menos tiempo, van más despacio y han de prestar mayor atención. Por lo tanto, puede resultarles más fácil omitir las barras y los puntos a propósito.

II. Escribe tu nombre

Material necesario
Papel con pauta y lápiz
Reloj

Procedimiento
1. Traza una línea en vertical dividiendo la hoja por la mitad para que queden dos columnas.

2. En un minuto de tiempo, prueba cuántas veces eres capaz de escribir tu nombre en la primera columna. A continuación, utiliza la segunda columna pero escribe el nombre al revés. Comprueba cuántas veces puedes escribirlo. Por ejemplo, yo tendría que escribir ikuzuS divaD.

No hay duda de que vas a poder escribirlo menos veces en la segunda columna. El hecho de escribir tu nombre se ha convertido en un hábito, pero escribirlo al revés no lo es en absoluto.

¿Te acuerdas de las primeras veces que escribiste tu nombre? Resultaba difícil para ti. Quizá tus padres hayan guardado algunos de tus primeros intentos de escribir tu nombre. Si es así, échales un vistazo. ¿Has visto lo que han evolucionado tu cerebro, músculos y nervios desde entonces?

EXPERIMENTO

Ejercita el cerebelo

Observa una de las cosas más válidas que hace el cerebelo por ti.

Procedimiento

1. Pon el dedo índice delante de ti, a unos 15 cm de distancia. Muévelo de lado a lado, tan rápido como puedas. ¿Tiene un aspecto borroso?

2. Ahora mantén el dedo inmóvil a unos 15 cm de distancia de la cara. Ladea la cabeza tan deprisa como puedas sin quitar la vista del dedo. ¿Está igual de borroso esta vez?

Resultado

Aunque la cabeza se mueva de un lado a otro, el cerebelo se asegura de que puedas mantener la vista fija en lo que sea que estés mirando. Esta característica tan útil tiene un nombre larguísimo. Se denomina reflejo vestibulo-ocular. Este reflejo te puede salvar de un accidente. Imagina que estás montado en una bicicleta y de repente te encuentras un bache en el camino. Todo tu cuerpo se sacude, pero aún eres capaz de quedarte mirando fijamente una rama tendida en mitad del camino. Estás seguro.

DATOS ASOMBROSOS

El hueso del codo

Lo más curioso del hueso del codo es que no es un hueso, sino un nervio. El codo es una protuberancia ósea cubierta de una finísima capa de piel y constituye una parte redondeada del húmero, el hueso más grande del brazo. En el hueso del codo está el nervio cubital. Habrás sentido alguna vez una especie de dolor en este nervio cuando te golpeas el codo, un dolor que a veces llega hasta el dedo meñique, que es donde termina este nervio.

DATOS ASOMBROSOS

Increíbles hazañas de la memoria

Un hombre de Birmania recitó de memoria 16.000 páginas de los textos de la religión budista en 1974. Probablemente, había estado estudiando estos textos durante mucho tiempo, y tenían sentido, lo que los hacía mucho más fáciles de memorizar. Sin embargo, es una gran tarea de memorización que la mayor parte de las personas serían incapaces de llevar a cabo.

La otra hazaña que os quería contar implica lo que se denomina memoria fotográfica. Algunas personas pueden reproducir una fotografía en sus mentes de algo a lo que le han echado una ojeada. Una vez, un hombre de Inglaterra memorizó el orden de 312 cartas que estaban puestas sobre seis escritorios. Sólo las vio una vez. Cuando recitó las cartas, únicamente cometió 24 errores. ¿Crees que son muchos? Intenta memorizar el orden de 20 o 30 cartas, sólo viéndolas una vez. A ver cómo te va.

El enigma de los zurdos

Hay un zurdo para cada nueve personas diestras. En otros animales, la proporción es del 50%. ¿Por qué los seres humanos son diferentes? No lo sabemos.

Se podría esperar que los zurdos tuvieran padres zurdos. Sin embargo, el 84% tienen padres diestros. ¿Es el cerebro de las personas zurdas diferente? Quizá. Parece que algunas personas zurdas controlan el lenguaje con ambas cortezas cerebrales en lugar de sólo con la izquierda.

En el pasado, a las personas zurdas se las trataba como si fueran bichos raros. La palabra siniestro proviene de la palabra latina que designaba el lado izquierdo. La palabra francesa *gauche* significa izquierda y difícil. Por supuesto que las personas zurdas no son más extrañas que el resto de la gente. Únicamente hacen las cosas del modo que creen que es el correcto.

Cómo te comunicas

¿Qué significa comunicación? Significa compartir ideas con otras personas. Les dices algo, ellos te contestan otra cosa. Existen diferentes maneras de comunicarnos. La más común es hablar los unos con los otros, pero mucha gente que tiene problemas para hablar o para oír utilizan otras formas, como signos con las manos o escribir en una pizarra o en la pantalla del ordenador. Lo importante es que manden mensajes. Todas las personas tienen pensamientos y sentimientos que deben comunicar.

Cuando eras sólo un bebé, no conocías ninguna palabra. Al principio, utilizabas el llanto para llamar la atención de los demás y hacerles saber cómo te sentías. Para tus padres, a veces, esto era difícil de comprender. Sabían que algo te molestaba, pero ¿qué? Te alimentaban, te cambiaban los pañales, o te mecían. Si parabas de llorar, pensaban que habían resuelto tus problemas.

A medida que se sucedían los meses, empezaste a comunicarte mejor. Si alguien te sonreía, tú le devolvías la sonrisa, hacías toda clase de ruidos, escuchabas atentamente los sonidos que los demás te hacían, etc. Cumplidos los dos años, empezaste a copiar los sonidos y a descubrir cuándo debías utilizarlos. ¡Hablabas!

¿De dónde vienen los sonidos? Empiezan en la laringe, que es un órgano en forma de caja situado encima de la tráquea (la tráquea está encima de los pulmones). La laringe está protegida por una protuberancia cartilaginosa. Es probable que incluso puedas ver este cartílago: es el bulto que en la garganta sube y baja cuando tragamos. Hay gente que lo llama la manzana de Adán. Los hombres tienen las laringes más grandes que las mujeres y los niños.

La laringe tiene aperturas en los dos extremos, para que el aire circule a través de ella. En la parte posterior de la laringe hay dos cuerdas: las cuerdas vocales. Cuando sólo respiras, las cuerdas vocales están totalmente relajadas, no hacen ningún tipo de ruido.

¿Has tocado alguna vez una guitarra, un violín o un banjo? Quizá hayas visto a otras personas tocarlos. Las cuerdas de estos instrumentos vibran al tocarlas. Esta vibración

es lo que hace que suenen. Bien, pues las cuerdas vocales también vibran. Cuando hablamos, los músculos de la laringe tensan las cuerdas vocales y el aire que entra en la garganta las hace vibrar. ¿Hablas cuando inspiras o cuando exhalas? Intenta hablar de las dos maneras y lo descubrirás.

En una guitarra, la cuerda más gruesa hace el sonido más grave, y cuanto más tensas una cuerda, más alta es la nota que suena. Lo mismo sucede con las cuerdas vocales. Cuando cantas una nota alta, puedes sentir el estiramiento de las cuerdas vocales.

Las cuerdas de una guitarra atadas a una superficie plana, no harían ningún sonido. Lo que hace que la guitarra suene es la forma de su «cuerpo», que constituye una caja de resonancia. También tú dispones de una caja de resonancia: tu pecho y ocho áreas de la cara llamadas cavidades.

Ahora ya sabes cómo hacemos los ruidos. Pero ¿cómo hacemos los sonidos especiales que nos permiten hablar? Todas las partes de la boca entran en acción. ¿Cómo es posible que tus labios pronuncien palabras tales como «bebé», «pimienta» o «molino»? ¿Qué hacen los dientes? ¿Y la lengua? Incluso la nariz juega un papel importante. Intenta hablar con la nariz tapada y comprobarás lo difíciles de pronunciar que son las emes y las enes.

Los estudiosos de la comunicación creen que las palabras, por sí mismas, son sólo una pequeña parte del mensaje. La forma como decimos las palabras, denominada tono, es muy importante. Imagina que dices: «¿Por qué has hecho esto?» y quieres demostrar que estás enfadado, sorprendido, feliz o que tienes miedo. ¿Cómo puedes utilizar el tono para hacerlo?

Puedes mostrar tus sentimientos sin necesidad de articular ni una sola palabra. Un abrazo es una forma de comunicación. Mírate al espejo y fíjate que aunque cubras la parte inferior de tu cara, los ojos pueden sonreír, mostrar rabia, sorpresa, etc. Véase la página 88.

Todos estos mensajes no verbales se llaman lenguaje corporal. Las personas que estudian la comunicación afirman que más de la mitad de nuestra comunicación se lleva a cabo de esta manera. Las sonrisas y los guiños son parte de este lenguaje, así como la manera como nos sentamos, andamos, etc. Alguien que está contento, camina con alegría, mientras que alguien que está triste, camina despacio, cabizbajo y con el pecho hundido.

Si prestas verdadera atención a lo que la gente dice, no sólo con palabras, sino con la cara y el cuerpo, te sorprenderás de lo bien que les comprendes. Te convertirás en un sabio.

EXPERIMENTO

Espejito, espejito...

Ésta es una actividad muy divertida y te enseña las pequeñas señales que hace la gente antes de llevar a cabo una determinada acción.

Material necesario
Un amigo

Procedimiento
1. Poneros de pie uno delante del otro. Colocad las palmas de las manos las de uno contra las de otro. Decidid quién va a ser el líder primero. Imaginemos que eres tú. Ahora vas a simular que tu amigo es tu reflejo en un espejo. Todo lo que hagas, tu amigo también debe hacerlo. No dejéis de tocaros las manos.

2. Empezad con movimientos sencillos. Inclínate hacia un lado, levántate, levanta una pierna hacia un lado, bájala, etcétera. ¿Qué tipo de movimientos funcionan mejor? ¿Qué movimientos no se pueden hacer sin «romper el espejo»?

3. Haced turnos, ahora tú serás el espejo. Podéis hacer la danza del espejo con tu disco favorito. Verás cómo, cuanto más lo hagas, mejor te anticiparás a lo que tu pareja vaya a hacer a continuación. Al final lo haréis tan bien que alguien que os vea no va a saber quién es el espejo y quién es el líder.

DATOS ASOMBROSOS

Superhabladores

Muy poca gente es capaz de pronunciar más de 300 palabras por minuto. Algunos de los oradores más rápidos son los que se dedican a radiar y televisar acontecimientos deportivos. Un locutor británico fue capaz de decir 176 palabras en 30 segundos, describiendo una raza de perro. Sólo por curiosidad, intenta contar tan rápido como puedas durante 30 segundos. Si dices los números claramente, seguro que no llegas a 100.

EXPERIMENTO

Hola, ¿cómo me siento?

Cuando ves en los informativos de la televisión problemas que acontecen al otro lado del mundo, no tienes ningún problema en «leer» la tristeza o la rabia en las caras de las personas. Las sonrisas y las risas significan lo mismo en todo el mundo. Te proponemos un juego para que pongas a prueba tu habilidad a la hora de reconocer los sentimientos en las expresiones faciales de tus semejantes.

Material necesario
Un amigo
20 tarjetas o trozos de papel
Lápiz

Procedimiento

1. Vas a hacer dos grupos de diez cartas. En el primer grupo escribe estas palabras, una por tarjeta: alegría, sorpresa, miedo, amor, tristeza, disgusto, confusión, rabia, determinación, aburrimiento.

2. Todas estas palabras describen emociones. ¿Sabes lo qué significan? Algunos ejemplos de cuándo puedes sentir estas emociones:

- Alegría: Ha parado de llover. ¡Nos vamos de picnic!
- Sorpresa: ¡Eres tú! ¡Pensé que no venías hasta la semana que viene!
- Miedo: Todavía no he hecho los deberes. La maestra se va a enfadar mucho.
- Amor: Quiero mucho a *Bolita de Nieve*. Es el perro más bonito del mundo.
- Tristeza: Mi mejor amigo se ha mudado.
- Disgusto: ¡Hay un gusano en la manzana!

- Confusión: ¿Se supone que debo ir hacia la izquierda? Creo que no voy por el camino correcto, no recuerdo haber visto esta casa antes.
- Rabia: ¡Cómo pudiste hacerme esto! Se supone que eres mi amigo.
- Determinación: Estoy seguro de que lo puse aquí. No me voy a ir a casa hasta que lo encuentre.
- Aburrimiento: He oído esta historia cientos de veces. Si sigue hablando me voy a quedar dormido.

Piensa en momentos de tu vida en los que has sentido alguna de estas emociones.

3. Ahora, copia las mismas diez palabras en el otro grupo de tarjetas. Después, coge un grupo de tarjetas y tu amigo que coja el otro.

4. Sentaros uno enfrente del otro. Mira una carta sin que tu amigo la vea. No digas nada. Piensa en la emoción e intenta representarla con la cara. ¿Lo ha adivinado tu amigo?

5. Turnaros. ¿Qué emociones son las más fáciles de adivinar? ¿Cuáles son las más difíciles? ¿Algunas de estas emociones se confunden con otras?

En la vida real, sucede a menudo que confundimos las emociones. Por ejemplo, una persona puede sentir vergüenza, pero pensamos que está siendo desagradable con nosotros. La capacidad de leer en las expresiones de los demás es muy útil. Sin embargo, a veces es mejor no extraer conclusiones precipitadas acerca de lo que sienten los demás. Tómate tiempo, habla con ellos y decídelo.

Índice de experimentos

Colgar del pelo 26
Contacto 10
Desafía los músculos 44
Descubre tus vasos sanguíneos 56
Diviértete con tus huellas 24
Doblar un hueso 38
Ejercita el cerebelo 84
Enzimas en acción 69
Espejito, espejito... 91
Fuerza de los hábitos, La 82
Hola, ¿cómo me siento? 93
Imágenes mentales 80
Increíble niño que encoge, El 36
Jabón con cuerda 22

Juegos para uno y para todos 12
Memoria poderosa 78
Merienda sana, Una 72
Misterio de los músculos, El 46
Modelo de respiración, Un 62
Molde original, El 34
Observa las glándulas sudoríparas 28
PUM-PUM, PUM-PUM 54
Seis posturas imposibles 14
¡Sopla! 64
¿Tienes buen pulso? 42
Tómate el pulso 52
Tu interior 8
Vitamina C 70

EL JUEGO DE LA CIENCIA

Títulos publicados:

1. **Experimentos sencillos con la naturaleza** - *Anthony D. Fredericks*
2. **Experimentos sencillos de química** - *Louis V. Loeschnig*
3. **Experimentos sencillos sobre el espacio y el vuelo** - *Louis V. Loeschnig*
4. **Experimentos sencillos de geología y biología** - *Louis V. Loeschnig*
5. **Experimentos sencillos sobre el tiempo** - *Muriel Mandell*
6. **Experimentos sencillos sobre ilusiones ópticas** - *Michael A. DiSpezio*
7. **Experimentos sencillos de química en la cocina** - *Glen Vecchione*
8. **Experimentos sencillos con animales y plantas** - *Glen Vecchione*
9. **Experimentos sencillos sobre el cielo y la tierra** - *Glen Vecchione*
10. **Experimentos sencillos con la electricidad** - *Glen Vecchione*
11. **Experimentos sencillos sobre las leyes de la naturaleza** - *Glen Vecchione*
12. **Descubre los sentidos** - *David Suzuki*
13. **Descubre el cuerpo humano** - *David Suzuki*